Impressum
Verlag: BABADADA GmbH, Nedderfeld 112 , 22529 Hamburg
Geschäftsführer / Verlagsleitung: Harald Hof
Druck: Books on Demand GmbH, In de Tarpen 42, 22848 Norderstedt

Imprint
Publisher: BABADADA GmbH, Nedderfeld 112 , 22529 Hamburg, Germany
Managing Director / Publishing direction: Harald Hof
Print: Books on Demand GmbH, In de Tarpen 42, 22848 Norderstedt

학교

σχολείο

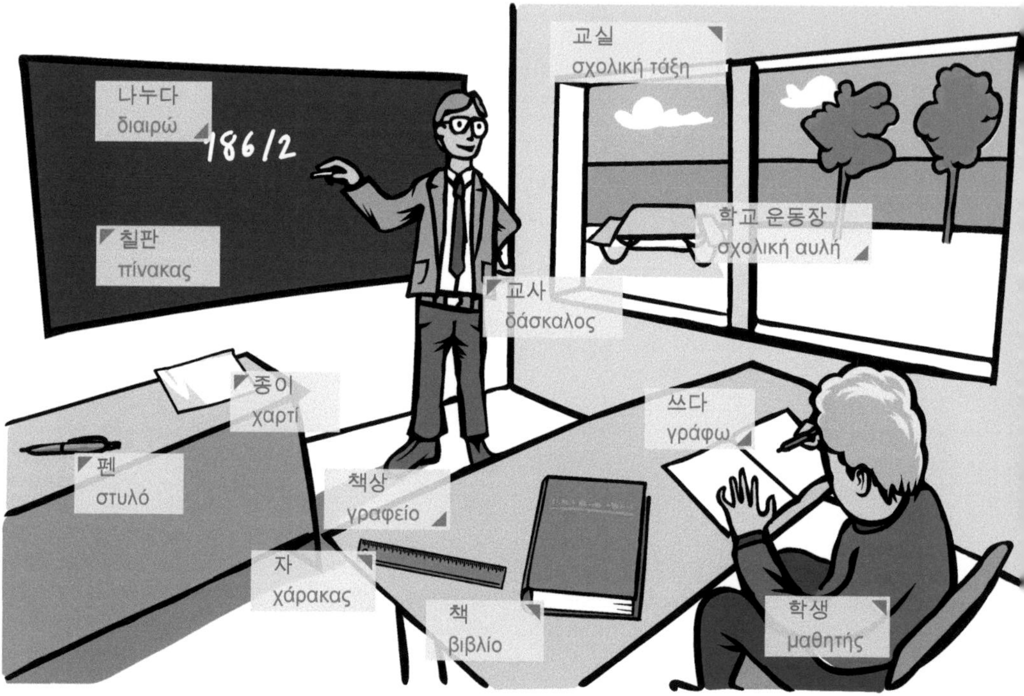

교실
σχολική τάξη
나누다
διαιρώ
186/2
칠판
πίνακας
학교 운동장
σχολική αυλή
교사
δάσκαλος
종이
χαρτί
쓰다
γράφω
펜
στυλό
책상
γραφείο
자
χάρακας
책
βιβλίο
학생
μαθητής

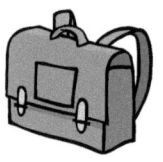

책가방

σχολική τσάντα

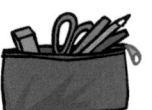

필통

κασετίνα/ μολυβοθήκη

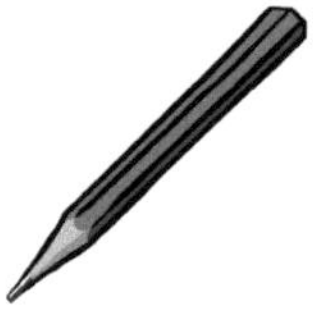

연필

μολύβι

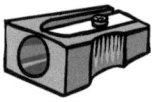

연필깎이

ξύστρα

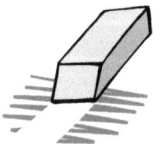

지우개

γόμα

스케치북

μπλοκ ζωγραφικής

그림
ζωγραφική

붓
πινέλο

그림물감 통
κουτί χρωμάτων

가위
ψαλίδι

풀
κόλλα

연습장
τετράδιο ασκήσεων

숙제
εργασία για το σπίτι

12

숫자
αριθμός

2+2

더하다
προσθέτω

5-2

빼다
αφαιρώ

2×2

곱하다
πολλαπλασιάζω

계산하다
υπολογίζω

A

글자
γράμμα

ABCDEFG
HIJKLMN
OPQRSTU
VWXYZ

알파벳
αλφάβητο

hello

낱말
λέξη

학교 - σχολείο

텍스트

κείμενο

읽다

διαβάζω

분필

κιμωλία

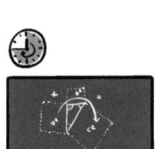

수업시간

μάθημα

출석부

εγγράφομαι

시험

τεστ

증명서

πιστοποιητικό

교복

μαθητική στολή

교육

εκπαίδευση

백과사전

εγκυκλοπαίδεια

대학교

πανεπιστήμιο

현미경

μικροσκόπιο

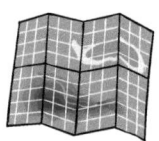

지도

χάρτης

휴지통

καλάθι αχρήστων

여행
ταξίδι

호텔
ξενοδοχείο
Grand
호스텔
ξενώνας
ROOMS
환전소
ανταλλακτήρια συναλλάγματος
EXCHANGE
여행가방
βαλίτσα
자동차
αυτοκίνητο

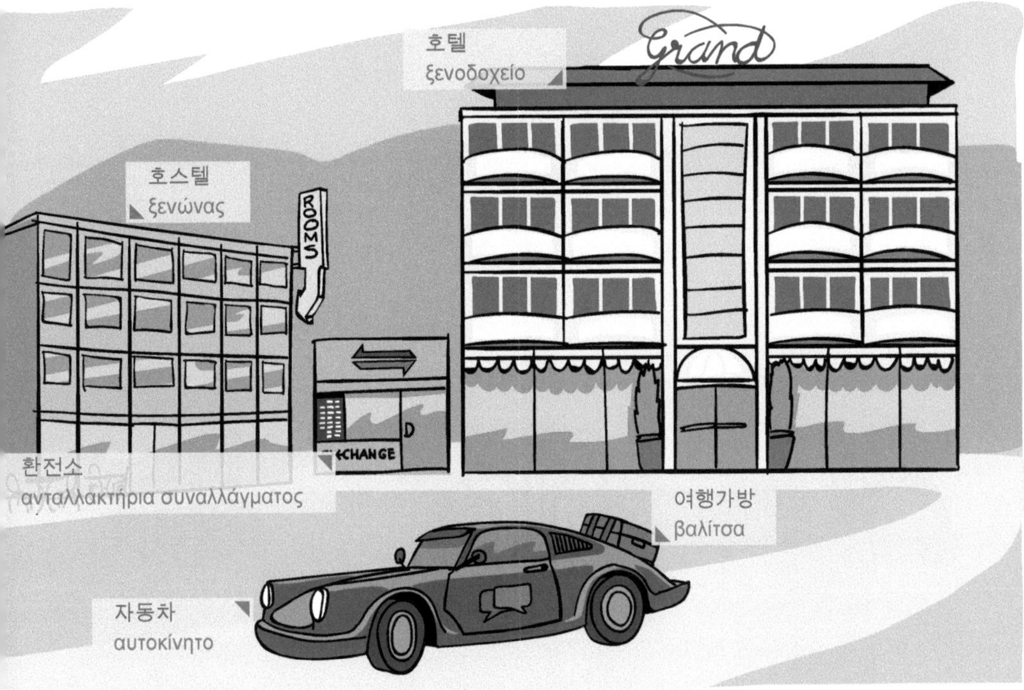

언어

γλώσσα

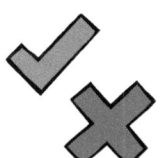

예 / 아니오

ναι / όχι

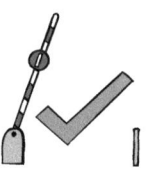

좋아

εντάξει

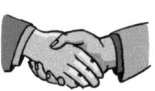

안녕

γεια σου

번역가

μεταφραστής

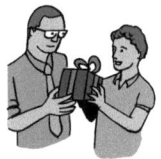

고마워, 고마워요

Ευχαριστώ

... 얼마입니까?

πόσο κάνει ;

나는 이해하지 못합니다

Δε καταλαβαίνω

문제

πρόβλημα

안녕하세요!

Καλησπέρα!

안녕하세요!

Καλημέρα!

잘자요!

Καληνύχτα!

또 만나요

Αντίο

방향

κατεύθυνση

수하물

αποσκευές

가방

τσάντα

배낭

σακίδιο πλάτης

손님

καλεσμένος

방

δωμάτιο

침낭

υπνόσακος

텐트

σκηνή

여행 안내

τουριστικές πληροφορίες

해변

παραλία

신용카드

πιστωτική κάρτα

아침식사

πρωινό

점심식사

μεσημεριανό

저녁식사

δείπνο

승차권

εισιτήριο

승강기

ανελκυστήρας

우표

γραμματόσημο

경계

σύνορα

세관

τελωνείο

대사관

πρεσβεία

비자

βίζα

여권

διαβατήριο

운반

μεταφορά

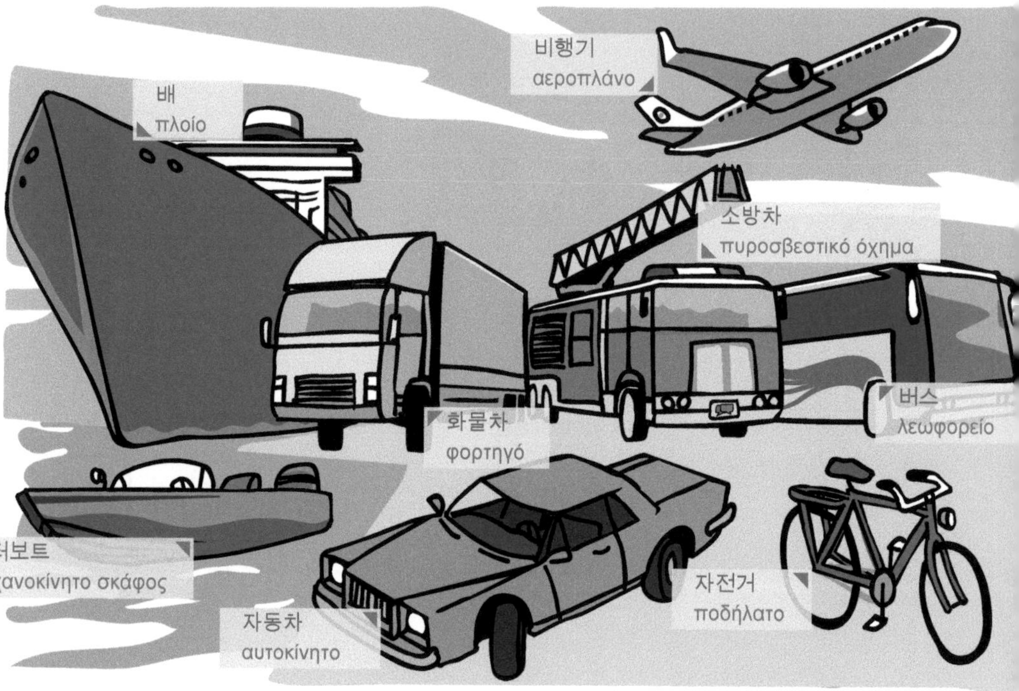

비행기
αεροπλάνο
배
πλοίο
소방차
πυροσβεστικό όχημα
버스
λεωφορείο
화물차
φορτηγό
터보트
χανοκίνητο σκάφος
자전거
ποδήλατο
자동차
αυτοκίνητο

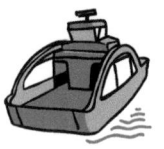

페리

φεριμπότ

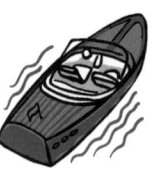

보트

βάρκα

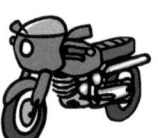

오토바이

μοτοσικλέτα

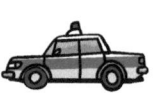

경찰차

περιπολικό

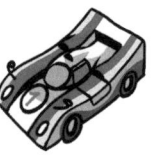

경주차

αγωνιστικό αυτοκίνητο

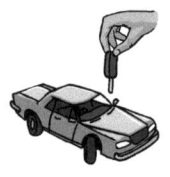

렌트카

ενοικιαζόμενο αυτοκίνητο

카셰어링
ιαμοιρασμός αυτοκινήτων

견인차
γερανός

쓰레기차
απορριμματοφόρο

모터
κινητήρας

연료
καύσιμο

주유소
βενζινάδικο

교통 표지
πινακίδα σήμανσης

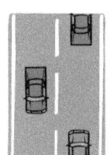

교통
κυκλοφορία

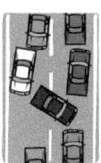

교통 정체
κυκλοφοριακή συμφόρηση

주차장
χώρος στάθμευσης

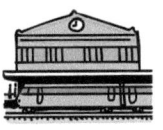

기차역
σιδηροδρομικός σταθμός

트랙터
σιδηροδρομικές γραμμές

기차
τρένο

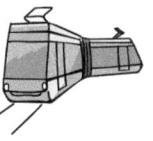

전차
τραμ

객차
βαγόνι

헬리콥터

ελικόπτερο

공항

αεροδρόμιο

타워

πύργος

승객

επιβάτης

컨테이너

εμπορευματοκιβώτιο

상자

χαρτοκιβώτιο

카트

καρότσι

바구니

καλάθι

출발하다 / 도착하다

απογειώνομαι /
προσγειόνομαι

도시
πόλη

마을

χωριό

도심

κέντρο της πόλης

집

σπίτι

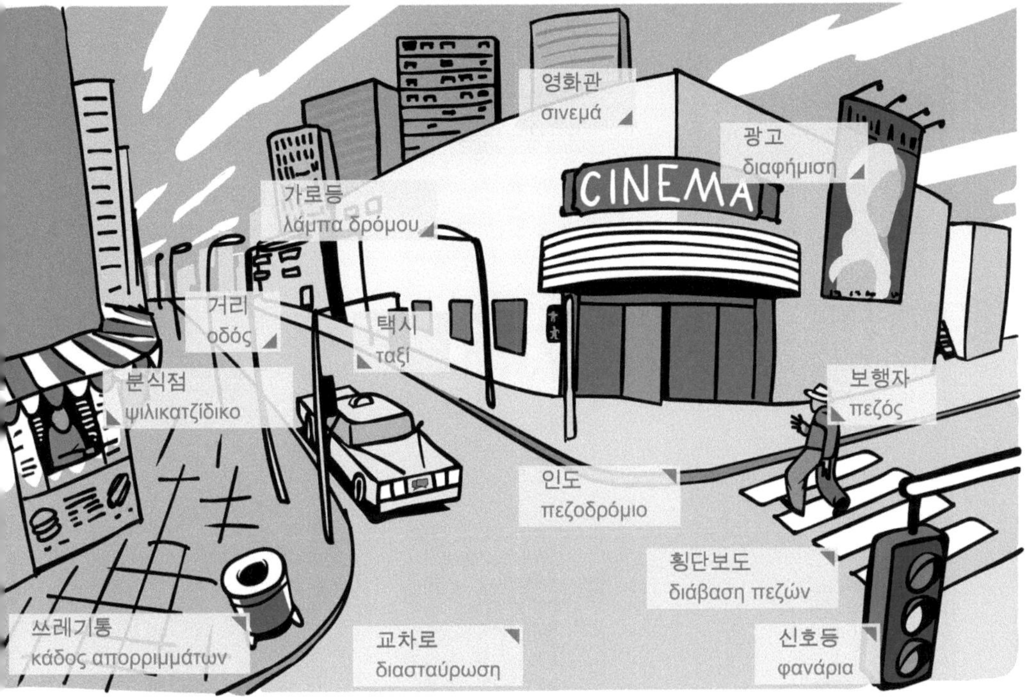

영화관
σινεμά
광고
διαφήμιση
CINEMA
가로등
λάμπα δρόμου
거리
οδός
택시
ταξί
분식점
ψιλικατζίδικο
보행자
πεζός
인도
πεζοδρόμιο
횡단보도
διάβαση πεζών
쓰레기통
κάδος απορριμμάτων
교차로
διασταύρωση
신호등
φανάρια

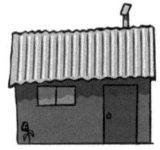

오두막

καλύβα

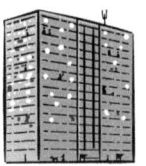

주택

διαμέρισμα

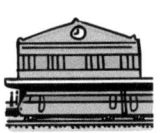

기차역

σιδηροδρομικός σταθμός

시청

δημαρχείο

MUSEUM

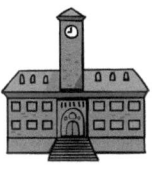

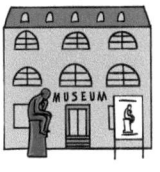

박물관

μουσείο

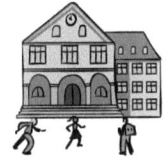

학교

σχολείο

대학교
πανεπιστήμιο

은행
τράπεζα

병원
νοσοκομείο

호텔
ξενοδοχείο

약국
φαρμακείο

사무실
γραφείο

서점
βιβλιοπωλείο

상점
κατάστημα

꽃가게
ανθοπωλείο

수퍼마켓
σούπερ μάρκετ

시장
αγορά

백화점
πολυκατάστημα

생선가게
ιχθυοπωλείο

쇼핑 센터
εμπορικό κέντρο

항구
λιμάνι

도시 - πόλη

공원
πάρκο

벤치
παγκάκι

다리
γέφυρα

계단
σκάλες

지하철
μετρό

터널
τούνελ

버스 정류장
στάση λεωφορείου

바
μπαρ

레스토랑
εστιατόριο

우체통
γραμματοκιβώτιο

도로 표지판
πινακίδα δρόμου

주차료 징수기
παρκόμετρο

동물원
ζωολογικός κήπος

수영장
πισίνα

모스크 사원
τζαμί

도시 - πόλη

농장

αγρόκτημα

환경오염

ρύπανση

공동묘지

νεκροταφείο

교회

εκκλησία

놀이터

παιδική χαρά

절

ναός

풍경

ΤΟΠΊΟ

잎
φύλλο

이정표
πινακίδα κατεύθυνσης

길
δρόμος

초원
λιβάδι

돌
πέτρα

도보여행자
πεζοπόρος

나무
δέντρο

강
ποτάμι

잔디
χορτάρι

꽃
λουλούδι

계곡
κοιλάδα

산
λόφος

호수
λίμνη

숲
δάσος

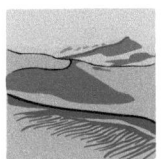

사막
έρημος

화산
ηφαίστειο

성
κάστρο

무지개
ουράνιο τόξο

버섯
μανιτάρι

야자나무
φοίνικας

모기
κουνούπι

파리
μύγα

개미
μυρμήγκι

벌
μέλισσα

거미
αράχνη

딱정벌레

σκαθάρι

개구리

βάτραχος

다람쥐

σκίουρος

고슴도치

σκαντζόχοιρος

토끼

λαγός

부엉이

κουκουβάγια

새

πουλί

백조

κύκνος

맷돼지

αγριογούρουνο

사슴

ελάφι

순록

άλκη

댐

φράγμα

풍력 터빈

ανεμογεννήτρια

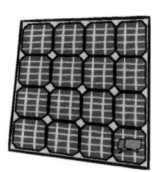

태양광 전지판

ηλιακός συλλέκτης

기후

κλίμα

레스토랑

εστιατόριο

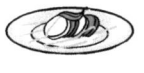

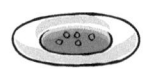

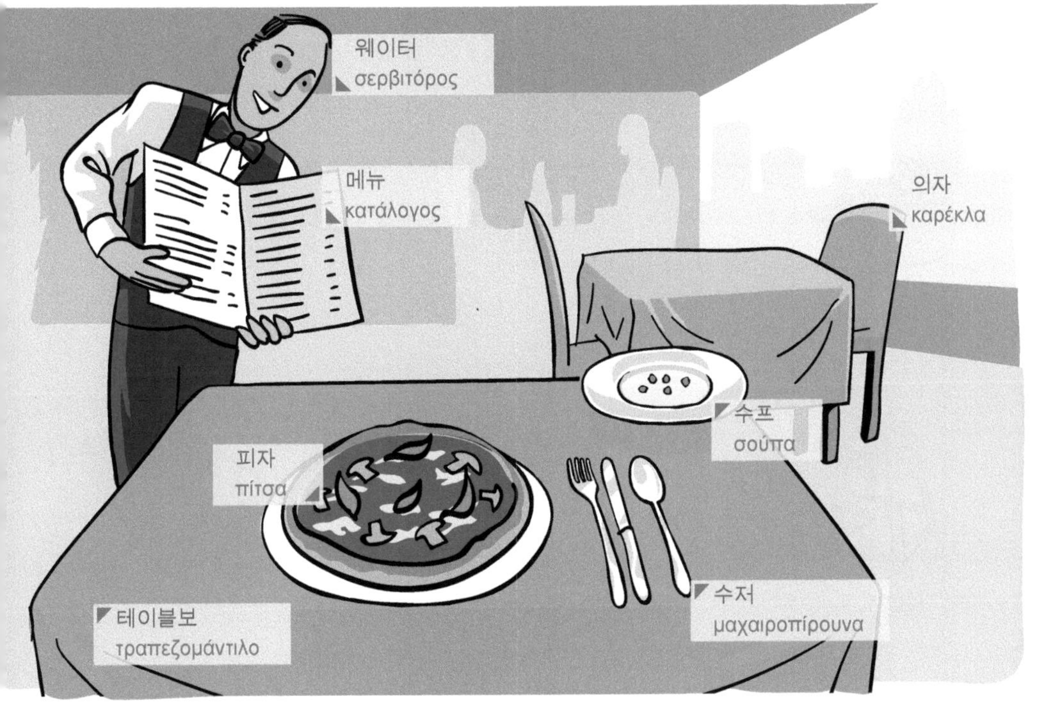

웨이터
σερβιτόρος
메뉴
κατάλογος
의자
καρέκλα
수프
σούπα
피자
πίτσα
테이블보
τραπεζομάντιλο
수저
μαχαιροπίρουνα

전채요리

ορεκτικό

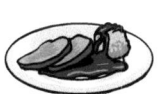

주요리

κύριο πιάτο

후식

επιδόρπιο

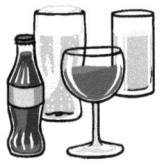

음료수

ποτά

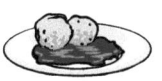

음식

φαγητό

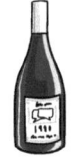

병

μπουκάλι

인스턴트 식품
φαστ φουντ

길거리음식
φαγητό στ' όρθιο

찻주전자
τσαγιέρα

설탕통
δοχείο ζάχαρης

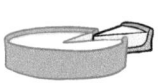

인분
μερίδα

에스프레소 머신
μηχανή εσπρέσο

높은 의자
ψηλή καρέκλα

계산서
λογαριασμός

쟁반
δίσκος

칼
μαχαίρι

포크
πιρούνι

숟가락
κουτάλι

찻숟가락
κουταλάκι του τσαγιού

냅킨
πετσέτα φαγητού

유리잔
ποτήρι

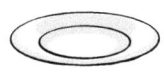

접시
πιάτο

수프 그릇
πιάτο σούπας

컵 받침
πιατάκι φλιτζανιού

소스
σάλτσα

소금통
αλατιέρα

후추통
μύλος για πιπέρι

식초
ξύδι

기름
λάδι

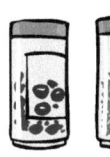

양념
μπαχαρικά

케첩
κέτσαπ

겨자
μουστάρδα

마요네즈
μαγιονέζα

수퍼마켓

σούπερ μάρκετ

특가 판매
προσφορά
FOR
고객
πελάτης
유제품
γαλακτοκομικά προϊόντα
과일
φρούτα
트롤리
καρότσι για ψώνια

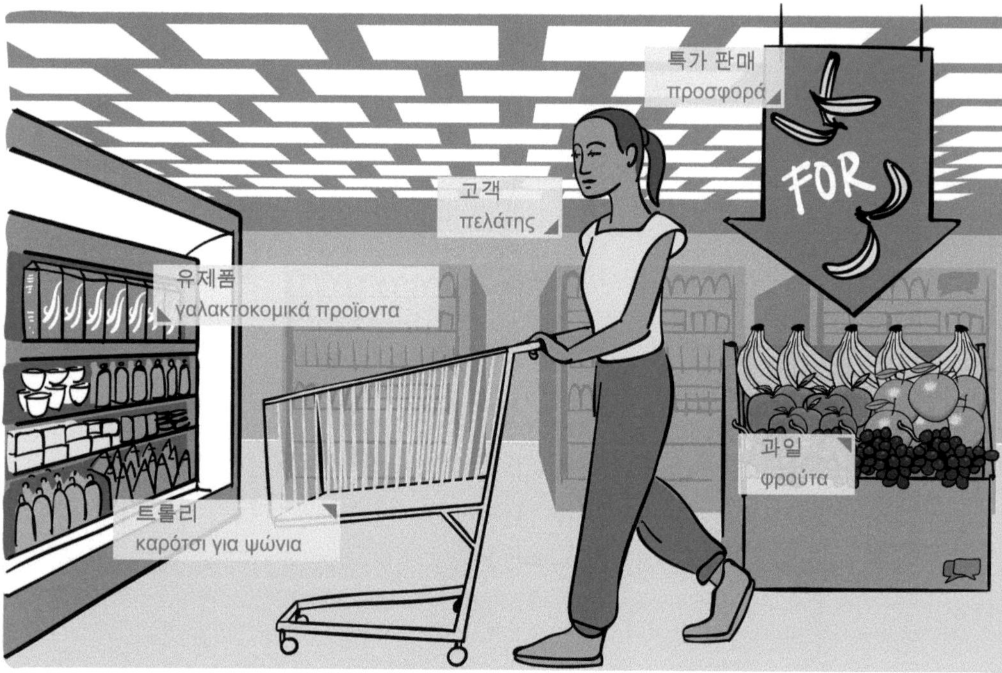

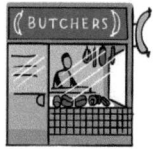

BUTCHERS

정육점

κρεοπωλείο

BAKERY

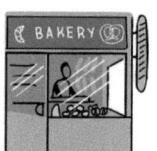

빵집

φούρνος

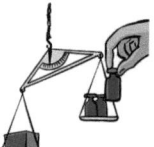

무게가 나가다

ζυγίζω

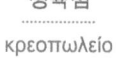

채소

λαχανικά

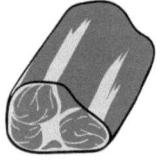

고기

κρέας

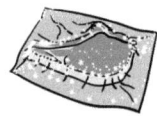

냉동식품

κατεψυγμένα τρόφιμα

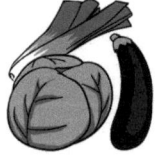

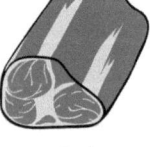

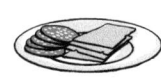

냉육
αλλαντικά

통조림
κονσερβοποιημένη τροφή

가루 세제
απορρυπαντικό ρούχων

달콤한 간식
γλυκά

가정용품
οικιακά είδη

세척제
καθαριστικά προϊόντα

판매원
πωλήτρια

계산대
ταμείο

계산원
ταμίας

구매목록
λίστα για ψώνια

문 여는 시간
ωράριο λειτουργίας

지갑
πορτοφόλι

신용카드
πιστωτική κάρτα

가방
τσάντα

비닐 봉투
πλαστική σακούλα

음료수
ποτά

몰
νερό

주스
χυμός

우유
γάλα

콜라
κόκα κόλα

와인
κρασί

맥주
μπίρα

술
αλκοόλ

카카오
κακάο

차고
τσάι

커피
καφές

에스프레소
εσπρέσο

카푸치노
καπουτσίνο

바나나

μπανάνα

사과

μήλο

오렌지

πορτοκάλι

수박

πεπόνι

레몬

λεμόνι

당근

καρότο

마늘

σκόρδο

대나무

μπαμπού

양파

κρεμμύδι

버섯

μανιτάρι

견과류

ξηροί καρποί

국수

νουντλς

스파게티 μακαρόνια	쌀 ρύζι	샐러드 σαλάτα

감자칩 πατατάκια	감자튀김 τηγανητές πατάτες	피자 πίτσα

햄버거 χάμπουργκερ	샌드위치 σάντουιτς	커틀렛 κοτολέτα
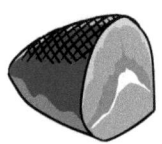		
햄 ζαμπόν	살라미 σαλάμι	소시지 λουκάνικο

닭 κοτόπουλο	구이 ψητό	생선 ψάρι

오트밀
χυλός βρώμης

뮤슬리
μούσλι

콘플레이크
κορν φλέικς

밀가루
αλεύρι

크루아상
κρουασάν

롤빵
ψωμάκι

빵
ψωμί

토스트
τοστ

비스킷
μπισκότα

버터
βούτυρο

응유
τυρόπηγμα

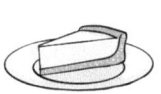

케이크
κέικ

달걀
αυγό

계란 후라이
τηγανητό αυγό

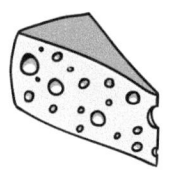

치즈
τυρί

음식 - φαγητό

아이스크림

παγωτό

설탕

ζάχαρη

꿀

μέλι

잼

μαρμελάδα

누가 크림

άλλειμμα σοκολάτας

카레

κάρυ

농장
αγρόκτημα

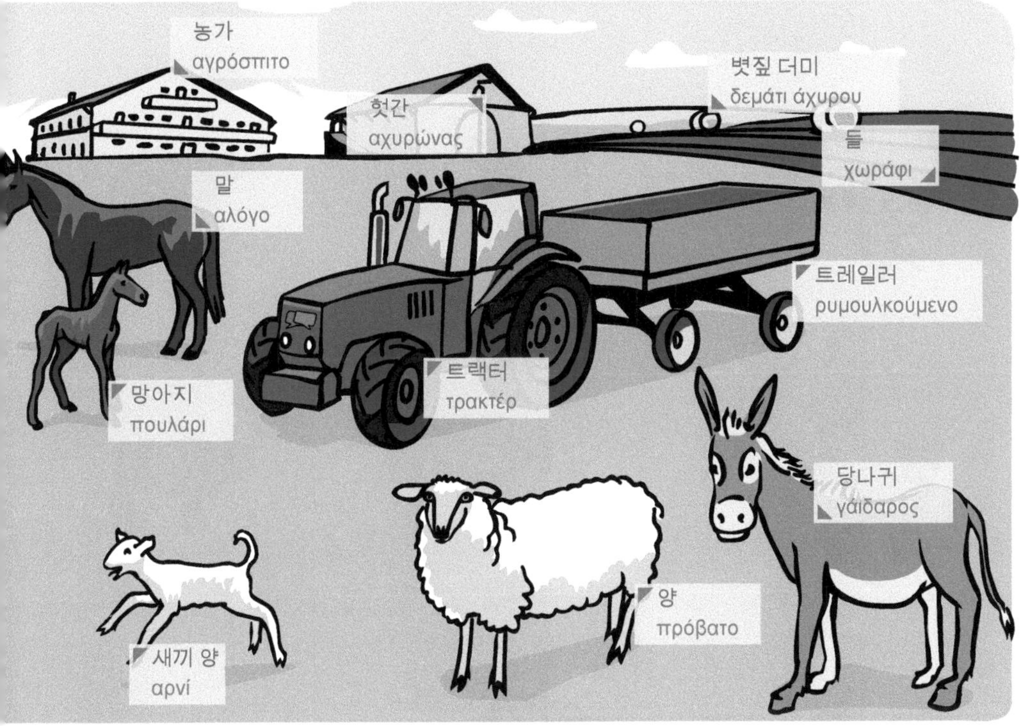

농가
αγρόσπιτο
헛간
αχυρώνας
볏짚 더미
δεμάτι άχυρου
들
χωράφι
말
αλόγο
트레일러
ρυμουλκούμενο
트랙터
τρακτέρ
망아지
πουλάρι
당나귀
γάιδαρος
양
πρόβατο
새끼 양
αρνί

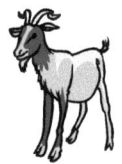

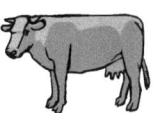

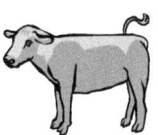

염소

κατσίκα

암소

αγελάδα

송아지

μοσχαράκι

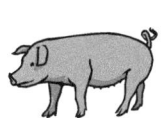

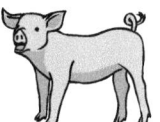

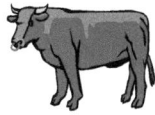

돼지

γουρούνι

새끼 돼지

γουρουνάκι

황소

ταύρος

거위

χήνα

오리

πάπια

병아리

κοτοπουλάκι

암탉

κότα

수탉

κόκορας

쥐

αρουραίος

고양이

γάτα

생쥐

ποντίκι

황소

βόδι

개

σκύλος

개집

σπιτάκι σκύλου

정원용 호스

λάστιχο κήπου

물뿌리개

ποτιστήρι

큰 낫

θεριστήρι

쟁기

αλέτρι

낫
δρεπάνι

괭이
τσάπα

쇠스랑
δίκρανο

도끼
τσεκούρι

외바퀴 손수레
χειράμαξα

여물통
ταΐστρα

우유 캔
δοχείο γάλακτος

부대
σάκος

울타리
φράχτης

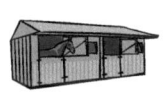

축사
στάβλος

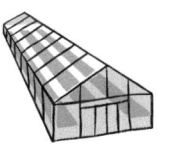

비닐하우스
θερμοκήπιο

땅
έδαφος

씨앗
σπόρος

거름
λίπασμα

콤바인
θεριζοαλωνιστική μηχανή

농장 - αγρόκτημα

수확하다

θερίζω

수확

συγκομιδή

참마

γιαμς

밀

σιτάρι

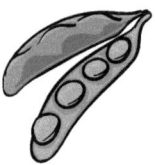

콩

σόγια

감자

πατάτα

옥수수

καλαμπόκι

유채씨

κράμβη

과일나무

οπωροφόρο δέντρο

카사바

μανιόκα

곡식

δημητριακά

집

σπίτι

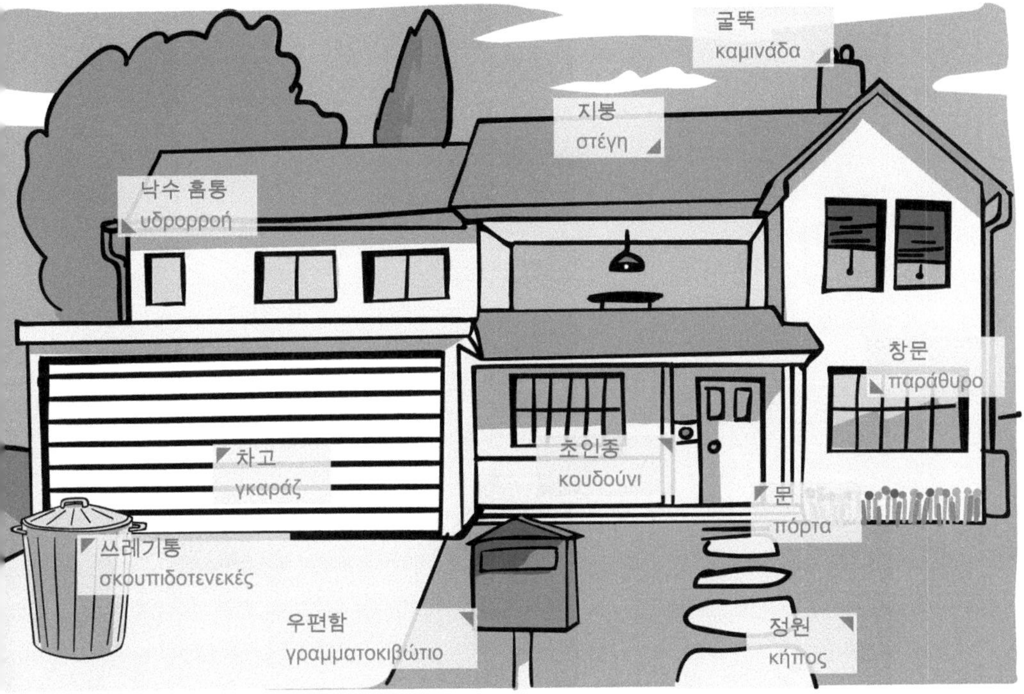
굴뚝
καμινάδα
지붕
στέγη
낙수 홈통
υδρορροή
창문
παράθυρο
차고
γκαράζ
초인종
κουδούνι
문
πόρτα
쓰레기통
σκουπιδοτενεκές
우편함
γραμματοκιβώτιο
정원
κήπος

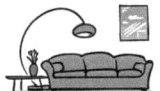

응접실

σαλόνι

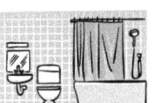

욕실

μπάνιο

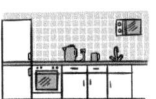

부엌

κουζίνα

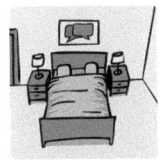

침실

υπνοδωμάτιο

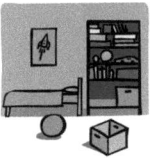

아이들 방

παιδικό δωμάτιο

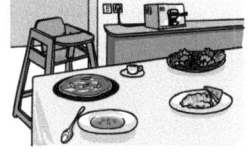

식사실

τραπεζαρία

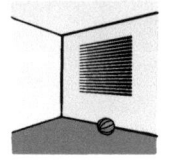

바닥

πάτωμα

벽

τοίχος

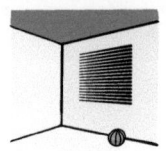

천장

οροφή

지하실

κελάρι

사우나

σάουνα

발코니

μπαλκόνι

테라스

βεράντα

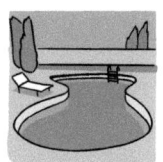

수영장

πισίνα

잔디 깎는 기계

μηχανή του γκαζόν

침대 시트

σεντόνι

이불

κάλυμμα κρεβατιού

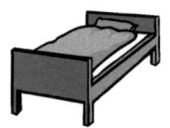

침대

κρεβάτι

빗자루

σκούπα

양동이

κουβάς

스위치

διακόπτης

응접실
σαλόνι

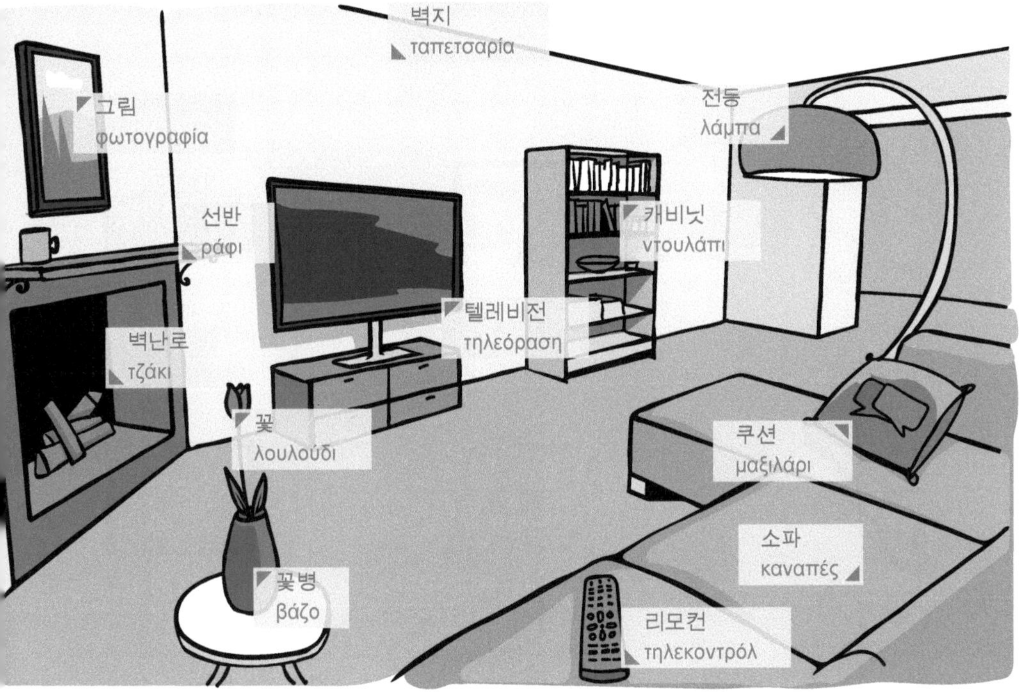
벽지
ταπετσαρία
그림
φωτογραφία
전등
λάμπα
선반
ράφι
캐비닛
ντουλάπι
텔레비전
τηλεόραση
벽난로
τζάκι
꽃
λουλούδι
쿠션
μαξιλάρι
소파
καναπές
꽃병
βάζο
리모컨
τηλεκοντρόλ

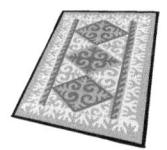

카페트
χαλί

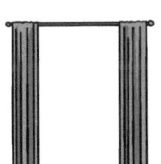

커튼
κουρτίνα

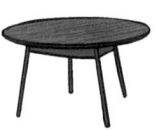

탁자
τραπέζι

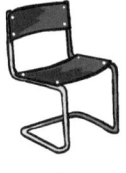

의자
καρέκλα

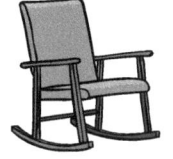

흔들의자
κουνιστή πολυθρόνα

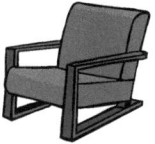

안락의자
πολυθρόνα

책
βιβλίο

담요
κουβέρτα

장식
διακόσμηση

땔감나무
καυσόξυλα

영화
ταινία

하이파이 기기
στερεοφωνικό σύστημα

열쇠
κλειδί

신문
εφημερίδα

회화
πίνακας ζωγραφικής

포스터
αφίσα

라디오
ραδιόφωνο

노트
σημειωματάριο

진공청소기
ηλεκτρική σκούπα

선인장
κάκτος

초
κερί

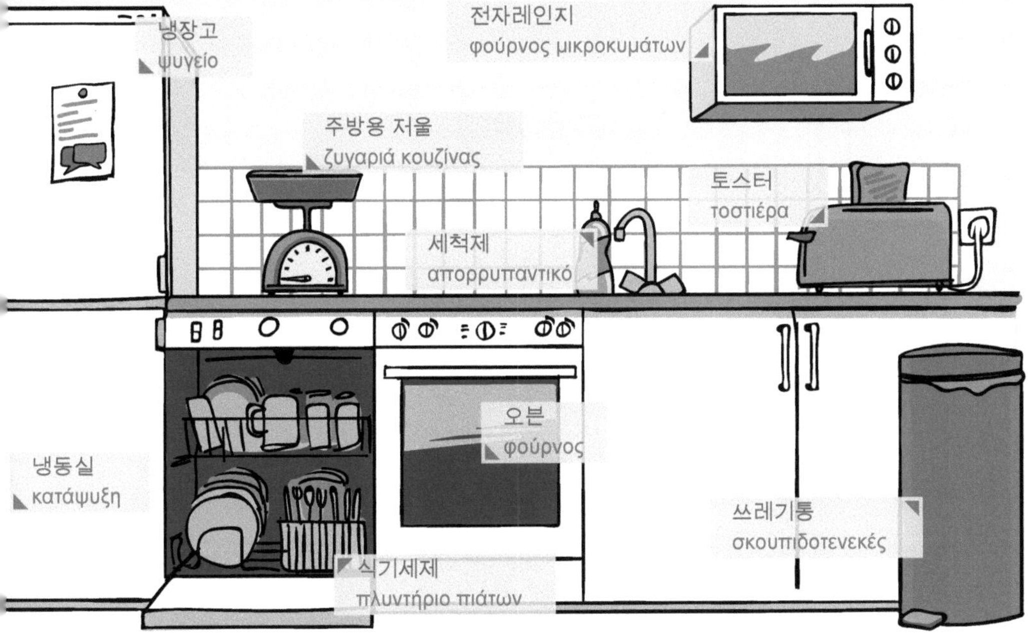

전자레인지
φούρνος μικροκυμάτων

냉장고
ψυγείο

주방용 저울
ζυγαριά κουζίνας

토스터
τοστιέρα

세척제
απορρυπαντικό

오븐
φούρνος

냉동실
κατάψυξη

쓰레기통
σκουπιδοτενεκές

식기세제
πλυντήριο πιάτων

쿠커
κουζίνα

냄비
κατσαρόλα

주철 냄비
μαντεμένια κατσαρόλα

웍 / 카다이 냄비
γουόκ/καντάι

프라이팬
τηγάνι

주전자
βραστήρας

찜기
ατμομάγειρας

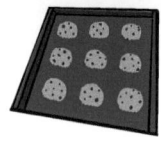

오븐 구이용 쟁반
ταψί

그릇
πιατικά

머그
κούπα

양푼이
μπολ

젓가락
ξυλάκια

국자
κουτάλα

주걱
σπάτουλα

거품기
ανακατεύω

여과기
σουρωτήρι

체
σουρωτηράκι

강판
τρίφτης

절구
γουδί

바베큐
ψησταριά

화덕
ανοιχτή φωτιά

도마
σανίδα κοπής

밀방망이
πλάστης

코르크 병따개
ανοιχτήρι φελλών

캔
κονσέρβα

캔 따개
ανοιχτήρι κονσέρβας

냄비 받침
γάντι φούρνου

개수대
νεροχύτης

솔
βούρτσα

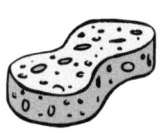

수세미
σφουγγάρι

블렌더
μπλέντερ

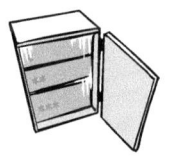

냉동고
καταψύκτης

젖병
μπιμπερό

수도꼭지
βρύση

부엌 - κουζίνα

욕실

μπάνιο

히터
θέρμανση
수건
πετσέτα
샤워
ντους
샤워 커튼
κουρτίνα ντουζ
거품 비누
αφρόλουτρο
욕조
μπανιέρα
유리잔
ποτήρι
세탁기
πλυντήριο ρούχων
수도꼭지
βρύση
타일
πλακάκια
변기
γιογιό
개수대
νεροχύτης

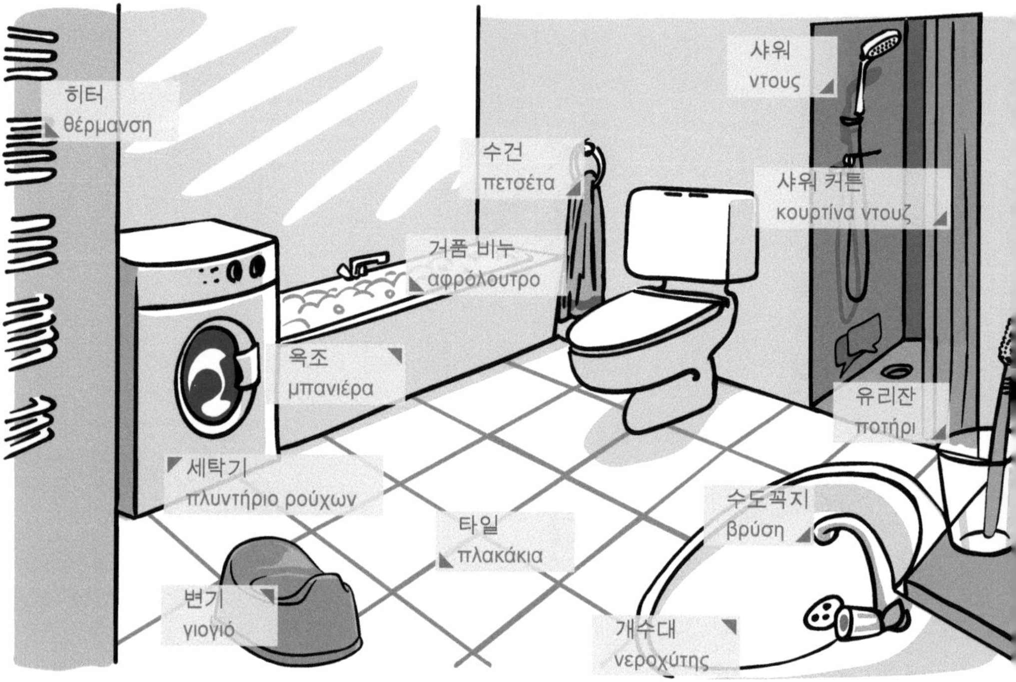

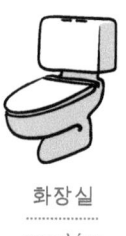

화장실

τουαλέτα

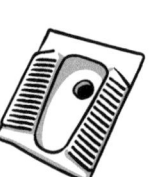

재래식 화장실

τούρκικη τουαλέτα

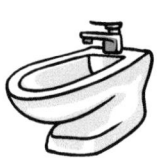

비데

μπιντές

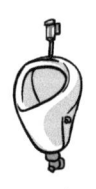

공중 변소

ουρητήριο

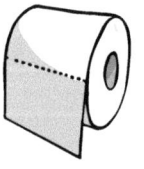

화장지

χαρτί υγείας

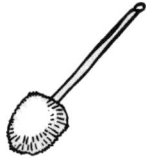

변기솔

πιγκάλ

치솔

οδοντόβουρτσα

치약

οδοντόκρεμα

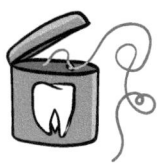

치실

οδοντικό νήμα

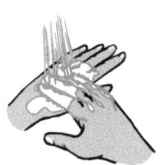

씻다

πλένω

샤워기

τηλέφωνο ντους

질 세척제

ντουσιέρα

대야

λεκάνη

등밀이솔

βούρτσα πλάτης

비누

σαπούνι

샤워 젤

αφρόλουτρο

샴푸

σαμπουάν

물걸레

φανέλα

배수관

σιφόνι

크림

κρέμα

체취 제거제

αποσμητικό

옥실 - μπάνιο

거울

καθρέφτης

휴대용 거울

καθρέφτης χειρός

면도기

ξυραφάκι

면도 거품

αφρός ξυρίσματος

에프터쉐이브

αφτερσέιβ

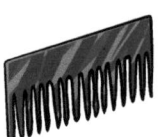

빗

χτένα

솔

βούρτσα

헤어드라이기

σεσουάρ

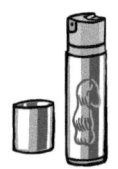

헤어스프레이

λακ

메이크업

μακιγιάζ

립스틱

κραγιόν

손톱깎이

βερνίκι νυχιών

면 솜

βαμβάκι

손톱

ψαλίδι νυχιών

향수

άρωμα

세면도구 주머니

νεσεσέρ

스툴

σκαμπό

저울

ζυγαριά

목욕 가운

μπουρνούζι

고무 장갑

ελαστικά γάντια

탐폰

ταμπόν

생리대

πετσέτα υγιεινής

화학 화장실

χημική τουαλέτα

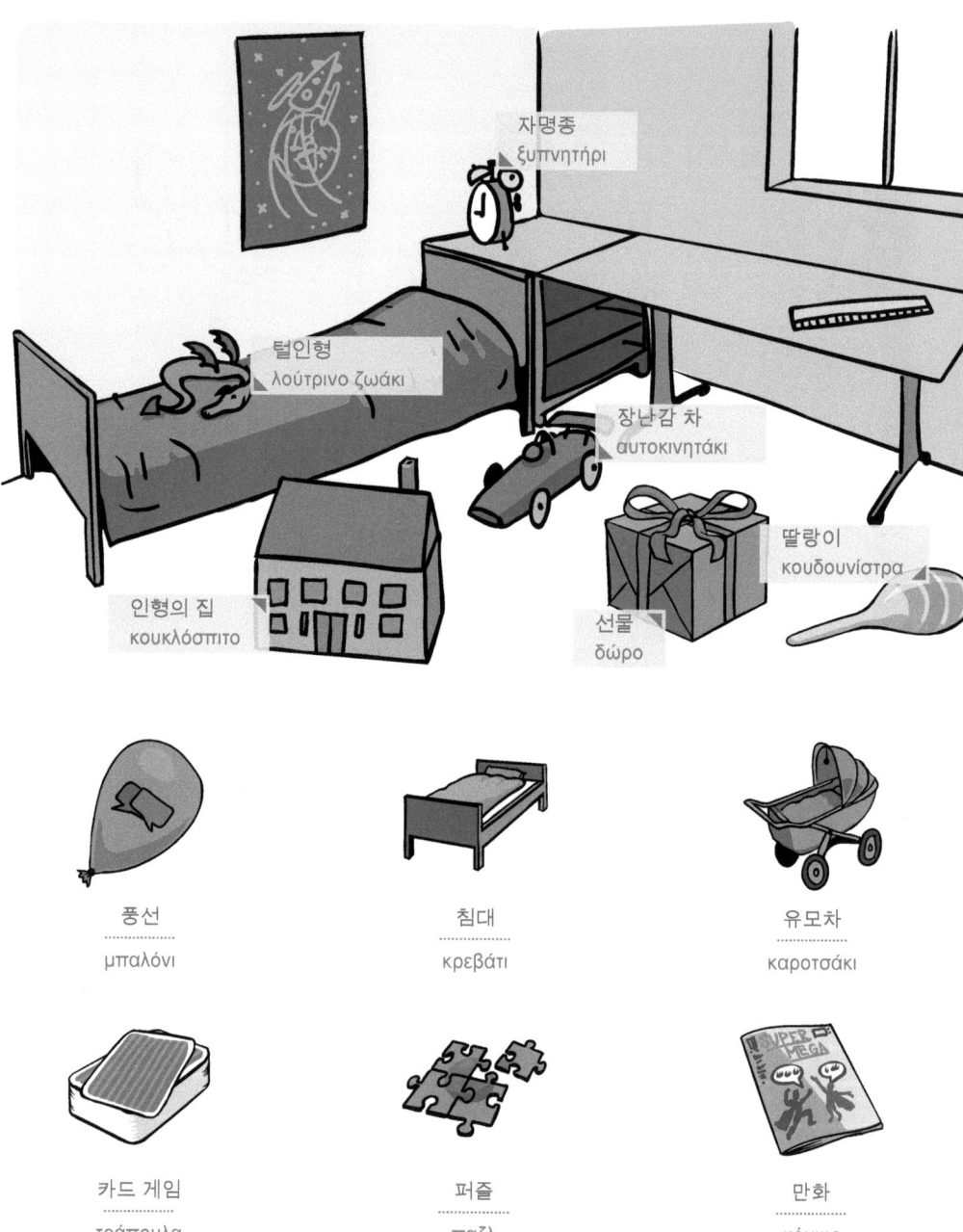

자명종
ξυπνητήρι

털인형
λούτρινο ζωάκι

장난감 차
αυτοκινητάκι

딸랑이
κουδουνίστρα

인형의 집
κουκλόσπιτο

선물
δώρο

풍선
μπαλόνι

침대
κρεβάτι

유모차
καροτσάκι

카드 게임
τράπουλα

퍼즐
παζλ

만화
κόμικς

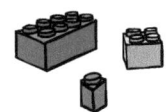

레고

τουβλάκια lego

장난감 블럭

τουβλάκια κατασκευών

액션 캐릭터

φιγούρα δράσης

베이비 그로

βρεφικό φορμάκι

프리스비

φρίσμπι

모빌

μόμπιλο

보드 게임

επιτραπέζιο παιχνίδι

주사위

ζάρια

기차 모형 세트

σετ τρενάκι

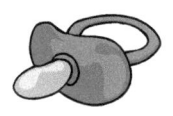

노리개 젖꼭지

πιπίλα

파티

πάρτι

그림책

εικονογραφημένο βιβλίο

공

μπάλα

인형

κούκλα

놀다

παίζω

모래상자

σκάμμα με άμμο

그네

κούνια

장난감

παιχνίδια

비디오 게임 콘솔

κονσόλα βιντεοπαιχνιδιών

세바퀴자전거

τρίκυκλο

곰인형

αρκουδάκι

옷장

ντουλάπα

의복

ρούχα

양말

κάλτσες

스타킹

καλτσοδέτες

스타킹

καλσόν

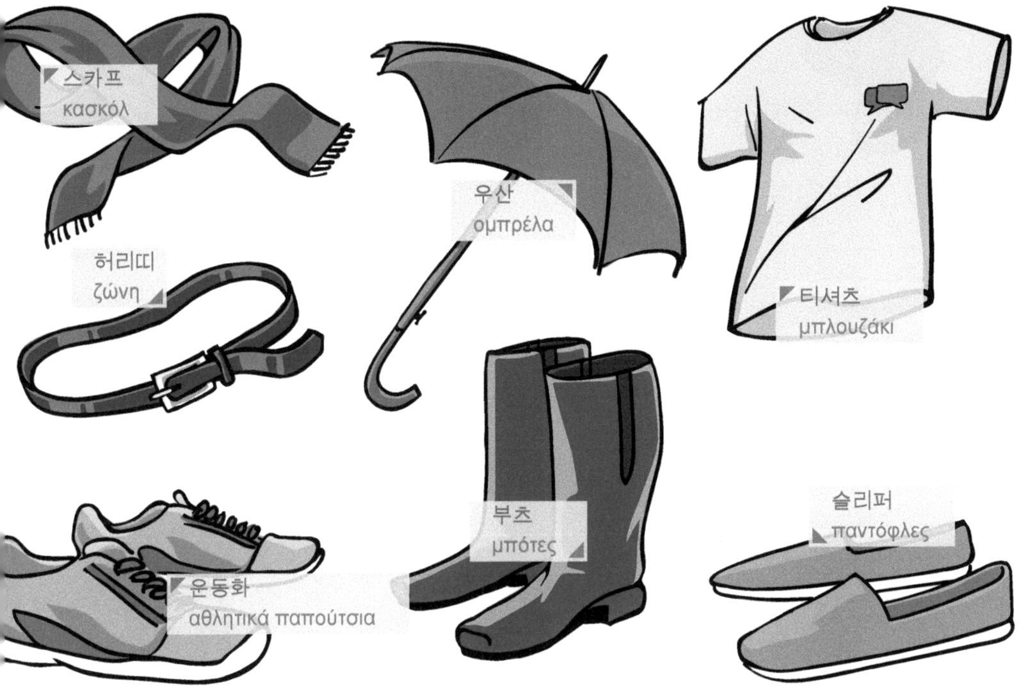

스카프
κασκόλ

우산
ομπρέλα

티셔츠
μπλουζάκι

허리띠
ζώνη

부츠
μπότες

슬리퍼
παντόφλες

운동화
αθλητικά παπούτσια

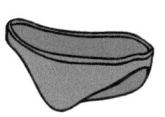

샌들
σανδάλια

신발
παπούτσια

고무 장화
γαλότσες

팬티
εσώρουχο

브래지어
σουτιέν

러닝 셔츠
φανέλα

바디

σώμα

바지

παντελόνι

청바지

τζιν παντελόνι

치마

φούστα

블라우스

μπλούζα

셔츠

πουκάμισο

풀오버

πουλόβερ

후드티

πουλόβερ

블레이저

σακάκι

자켓

μπουφάν

외투

παλτό

비옷

αδιάβροχο πανωφόρι

의상

κοστούμι

원피스

φόρεμα

웨딩 드레스

νυφικό

양복
κοστούμι

나이트가운
νυχτικό

잠옷
πιτζάμες

사리
σάρι

두건
μαντήλι

터번
τουρμπάνι

부르카
μπούρκα

카프탄
καφτάνι

아바야
μουσουλμανικό ένδυμα

수영복
ολόσωμο μαγιό

수영바지
ανδρικό μαγιό

반바지
σορτς

트레이닝복
αθλητική φόρμα

앞치마
ποδιά

장갑
γάντια

단추

κουμπί

안경

γυαλιά

팔찌

βραχιόλι

목걸이

περιδέραιο

반지

δαχτυλίδι

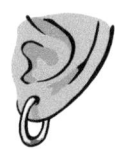

귀걸이

σκουλαρίκι

캡 모자

καπέλο

옷걸이

κρεμάστρα

모자

καπέλο

넥타이

γραβάτα

지퍼

φερμουάρ

헬멧

κράνος

멜빵

τιράντες

교복

μαθητική στολή

유니폼

στολή

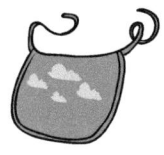

터받이

σαλιάρα

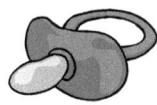

노리개 젖꼭지

πιπίλα

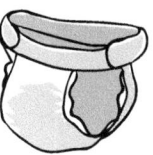

기저귀

πάνα

사무실

γραφείο

서버
σέρβερ
서류 캐비닛
αρχειοθήκη
인쇄기
εκτυπωτής
종이
χαρτί
모니터
οθόνη
마우스
ποντίκι
책상
γραφείο
폴더
ντοσιέ
자판기
πληκτρολόγιο
휴지통
καλάθι αχρήστων
컴퓨터
υπολογιστής
의자
καρέκλα

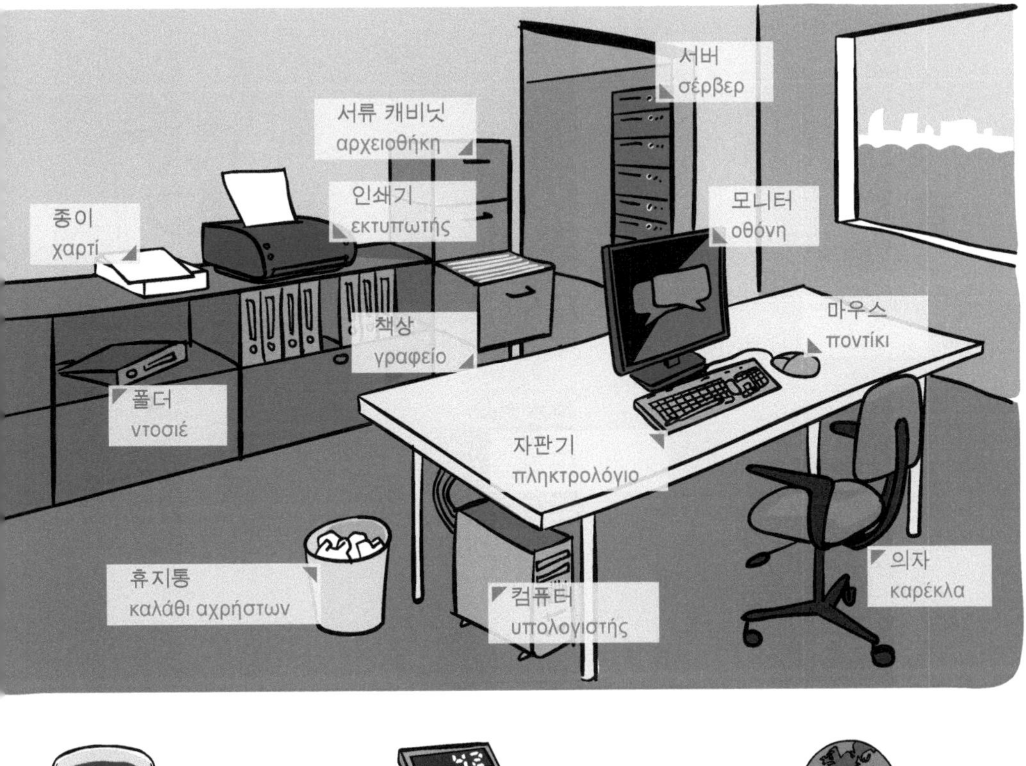

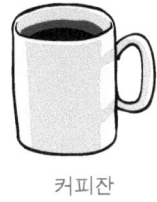

커피잔

κούπα του καφέ

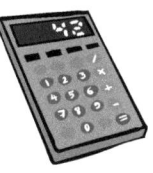

계산기

κομπιουτεράκι

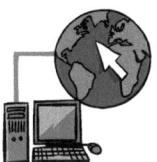

인터넷

ίντερνετ

노트북
λάπτοπ

편지
γράμμα

메시지
μήνυμα

휴대전화
κινητό

네트워크
δίκτυο

복사기
φωτοτυπικό μηχάνημα

소프트웨어
λογισμικό

전화
τηλέφωνο

플러그 소켓
πρίζα

팩시밀리
συσκευή φαξ

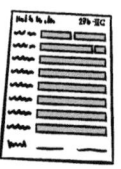

서식
έντυπο

서류
έγγραφο

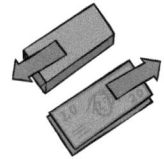

사다
αγοράζω

지불하다
πληρώνω

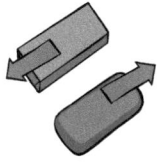

거래하다
συναλλάσσομαι

돈
χρήματα

달러
δολάριο

유로
ευρώ

엔
γιεν

루벨
ρούβλι

스위스 프랑
ελβετικό φράγκο

위안
ρενμίνμπι γιουάν

루피
ρουπία

현금인출기
ATM (αυτόματη ταμειακή μηχανή)

환전소
안날락티리아
συναλλάγματος

금
χρυσός

은
ασήμι

석유
πετρέλαιο

에너지
ενέργεια

가격
τιμή

계약
συμβόλαιο

세금
φόρος

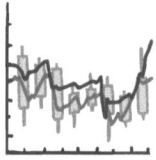

주식
μετοχή

일하다
δουλεύω

근로자
υπάλληλος

고용주
εργοδότης

공장
εργοστάσιο

상점
κατάστημα

직업
επαγγέλματα

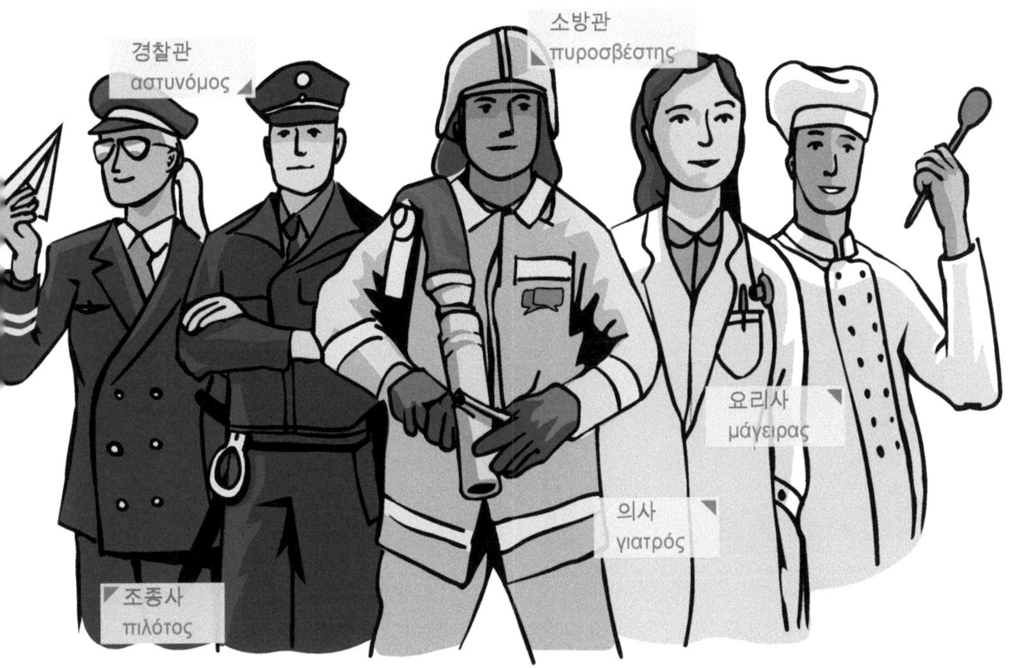
경찰관
αστυνόμος
소방관
πυροσβέστης
요리사
μάγειρας
의사
γιατρός
조종사
πιλότος

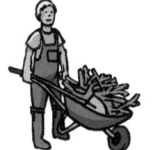

정원사

κηπουρός

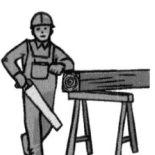

목수

ξυλουργός

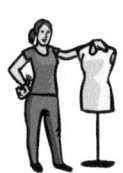

수선공

μοδίστρα

판사

δικαστής

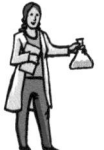

화학자

χημικός

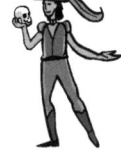

배우

ηθοποιός

버스운전사

οδηγός λεωφορείου

택시 운전사

ταξιτζής

어부

ψαράς

청소부

καθαρίστρια

지붕 수리자

τεχνίτης στεγών

웨이터

σερβιτόρος

사냥꾼

κυνηγός

화가

ζωγράφος

제빵사

αρτοποιός

전기업자

ηλεκτρολόγος

건축업자

οικοδόμος

엔지니어

μηχανολόγος

정육점업자

κρεοπώλης

배관업자

υδραυλικός

우편물 배달부

ταχυδρόμος

군인
στρατιώτης

건축가
αρχιτέκτονας

계산원
ταμίας

플로리스트
ανθοπώλης

미용사
κομμωτής

검표원
ελεγκτής εισιτηρίων

정비사
μηχανικός

선장
καπετάνιος

치과의사
οδοντίατρος

학자
επιστήμονας

유대교 라비
ραβίνος

이맘
ιμάμης

수도승
μοναχός

사제
ιερέας

연장

εργαλεία

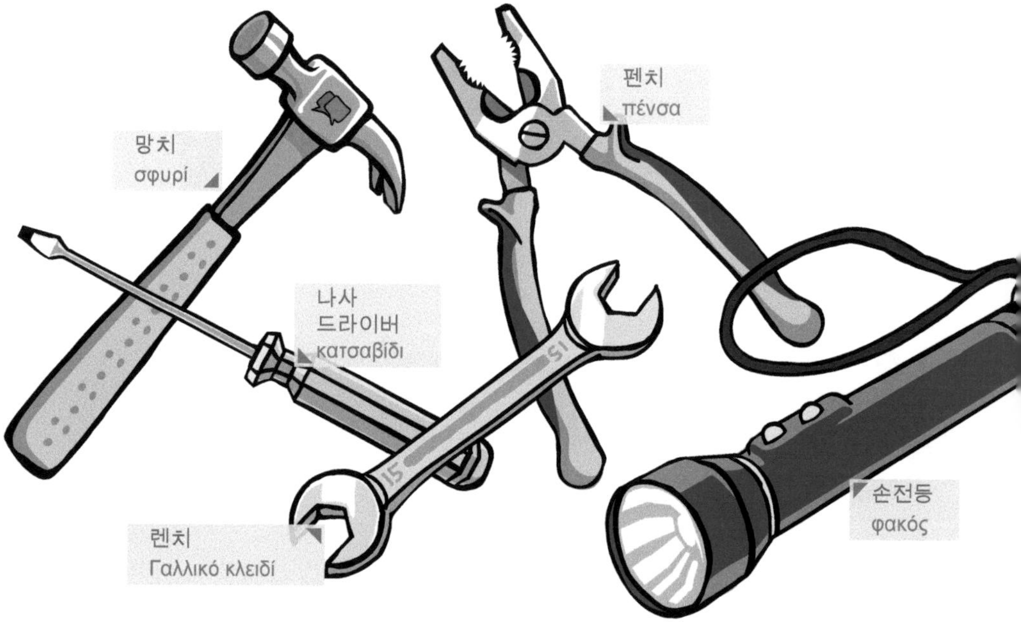
펜치
πένσα
망치
σφυρί
나사
드라이버
κατσαβίδι
렌치
Γαλλικό κλειδί
손전등
φακός

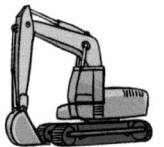

굴삭기

εκσκαφέας

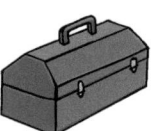

연장통

εργαλειοθήκη

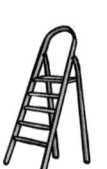

사다리

σκάλα

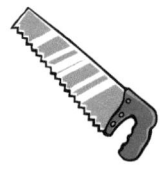

톱

πριόνι

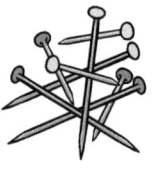

못

καρφιά

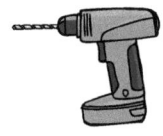

드릴

τρυπάνι

수리하다
επισκευάζω

삽
φτυάρι

젠장!
Να πάρει!

쓰레받기
φαράσι

페인트통
δοχείο χρωμάτων

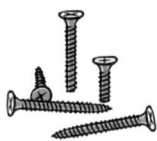

나사
βίδες

악기

μουσικά όργανα

드럼
ντραμς

스피커
μεγάφωνο

기타
κιθάρα

콘트라베이스
κοντραμπάσο

트럼펫
τρομπέτα

피아노

πιάνο

바이올린

βιολί

베이스

μπάσο

팀파니

τύμπανα

북

τύμπανο

키보드

πλήκτρα

색소폰

σαξόφωνο

플루트

φλάουτο

마이크

μικρόφωνο

동물원

ζωολογικός κήπος

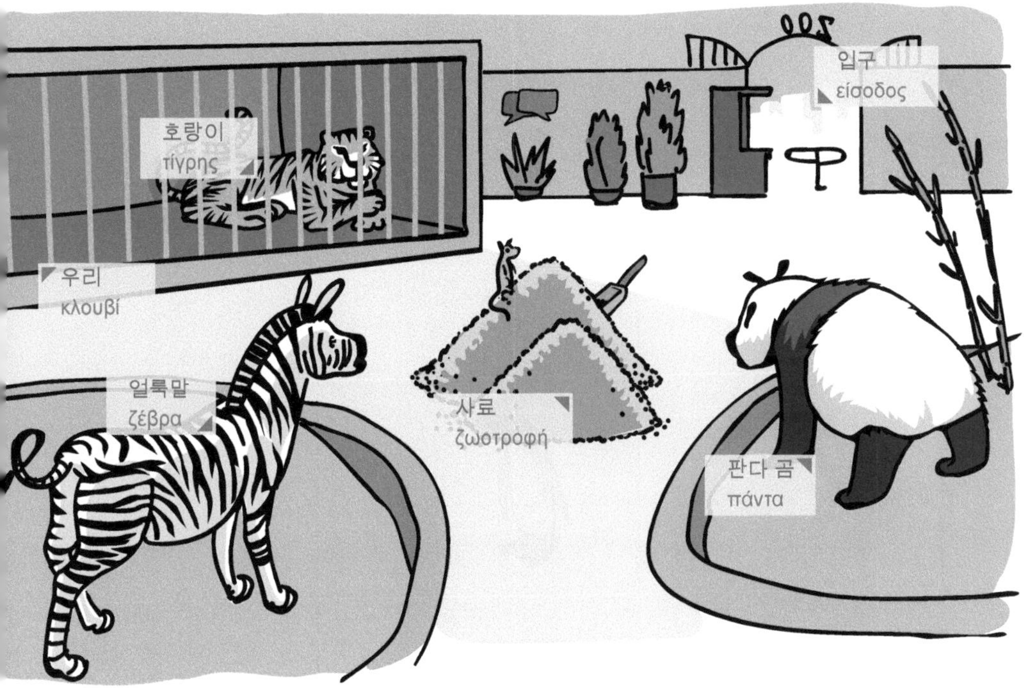

입구
είσοδος
호랑이
τίγρης
우리
κλουβί
얼룩말
ζέβρα
사료
ζωοτροφή
판다 곰
πάντα

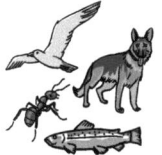

동물

ζώα

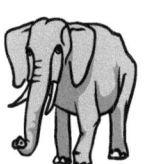

코끼리

ελέφαντας

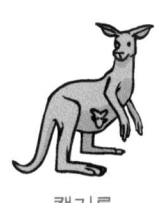

캥거루

καγκουρό

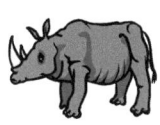

코뿔소

ρινόκερος

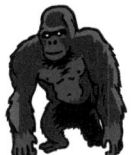

고릴라

γορίλας

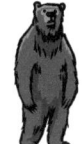

곰

αρκούδα

낙타

καμήλα

타조

στρουθοκάμηλος

사자

λιοντάρι

원숭이

πίθηκος

홍학

φλαμίνγκο

앵무새

παπαγάλος

북극곰

πολική αρκούδα

펭귄

πιγκουίνος

상어

καρχαρίας

공작

παγώνι

뱀

φίδι

악어

κροκόδειλος

동물원 사육사

φύλακας ζωολογικού κήπου

물개

φώκια

재규어

τζάγκουαρ

조랑말

πόνυ

표범

λεοπάρδαλη

하마

ιπποπόταμος

기린

καμηλοπάρδαλη

독수리

αετός

맷돼지

αγριογούρουνο

생선

ψάρι

거북이

χελώνα

바다코끼리

θαλάσσιος ίππος

여우

αλεπού

영양

γαζέλα

αθλήματα

미식축구
Αμερικάνικο ποδόσφαιρο

자전거 경기
ποδηλασία

테니스
αντισφαίριση

농구
μπάσκετ

수영
κολύμβηση

권투
πυγχαμία

아이스하키
χόκεϋ επί πάγου

축구
ποδόσφαιρο

배드민턴
μπάντμιντον

육상 경기
στίβος

핸드볼
χάντμπολ

스키
σκι

폴로
πόλο

활동
δραστηριότητες

뛰어오르다
πηδάω
포옹하다
αγκαλιάζω
웃다
γελάω
걷다
περπατάω
노래하다
τραγουδάω
꿈꾸다
ονειρεύομαι
기도하다
προσεύχομαι
입맞추다
φιλάω

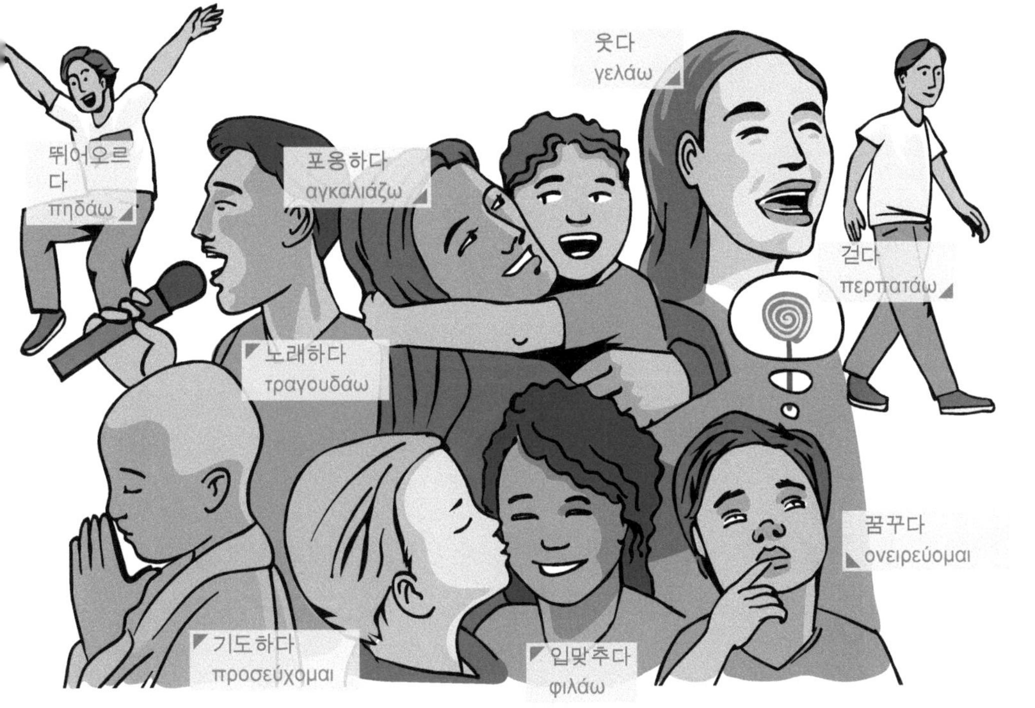

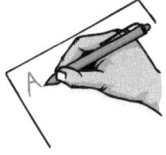

쓰다

γράφω

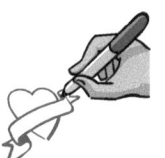

그리다

σχεδιάζω

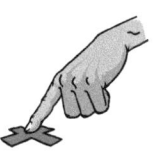

보여주다

δείχνω

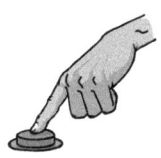

밀다

πιέζω

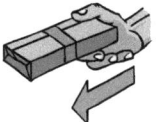

주다

δίνω

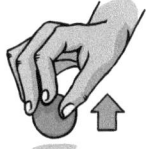

받다

παίρνω

가지다

έχω

행하다

κάνω

...이다

είμαι

서있다

στέκομαι

뛰다

τρέχω

당기다

τραβάω

던지다

ρίχνω

떨어지다

πέφτω

누워있다

ξαπλώνω

기다리다

περιμένω

운반하다

κουβαλώ

앉다

κάθομαι

옷을 입다

φοράω

자다

κοιμάμαι

깨다

ξυπνάω

64 활동 - δραστηριότητες

보다

κοιτάω

울다

κλαίω

쓰다듬다

χαϊδεύω

빗다

χτενίζω

말하다

μιλάω

이해하다

καταλαβαίνω

묻다

ρωτάω

듣다

ακούω

마시다

πίνω

먹다

τρώω

정리하다

συγυρίζω

사랑하다

αγαπάω

요리하다

μαγειρεύω

주행하다

οδηγώ

날다

πετάω

활동 - δραστηριότητες

해항하다
κάνω ιστιοπλοΐα

계산하다
υπολογίζω

읽다
διαβάζω

배우다
μαθαίνω

일하다
δουλεύω

결혼하다
παντρεύομαι

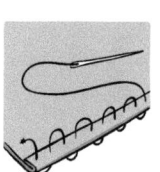

바느질하다
ράβω

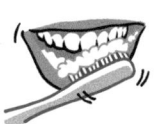

이를 닦다
βουρτσίζω τα δόντια

죽이다
σκοτώνω

담배 피우다
καπνίζω

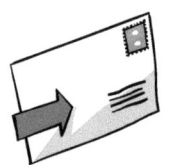

보내다
στέλνω

가족

οικογένεια

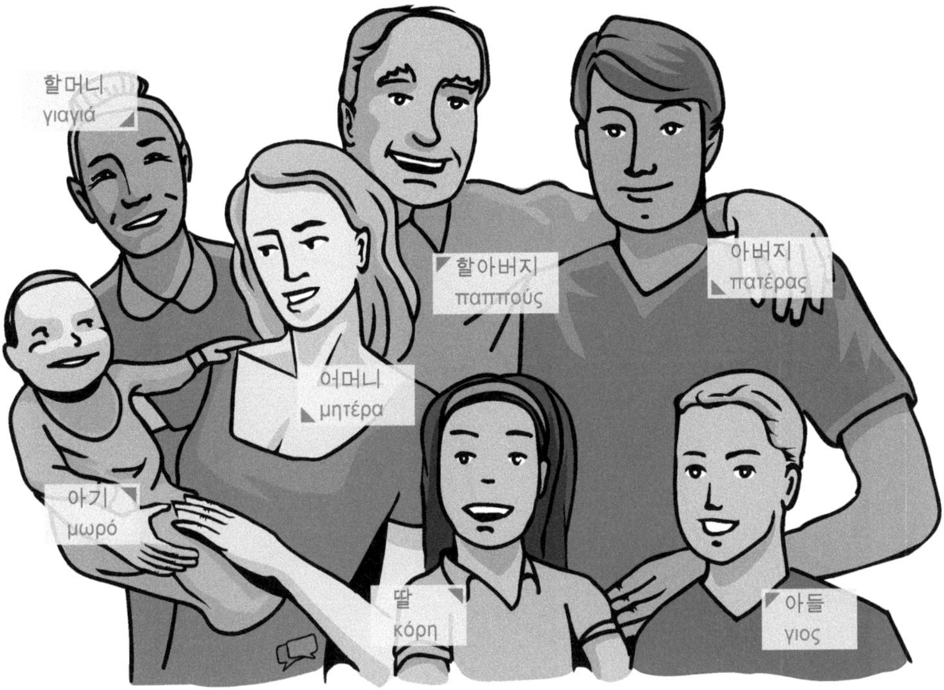

할머니
γιαγιά
할아버지
παππούς
아버지
πατέρας
어머니
μητέρα
아기
μωρό
딸
κόρη
아들
γιος

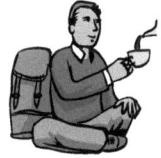

손님

καλεσμένος

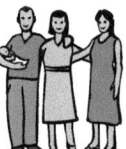

이모 / 고모

θεία

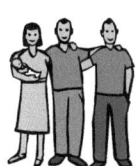

삼촌

θείος

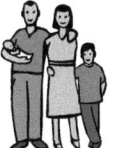

형제

αδελφός

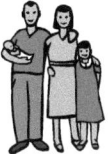

자매

αδελφή

몸통

σώμα

이마
μέτωπο
눈
μάτι
어깨
ώμος
손가락
δάχτυλο
얼굴
πρόσωπο
턱
πιγούνι
손가락
χέρι
다리
πόδι
가슴
στήθος
팔
βραχίονας

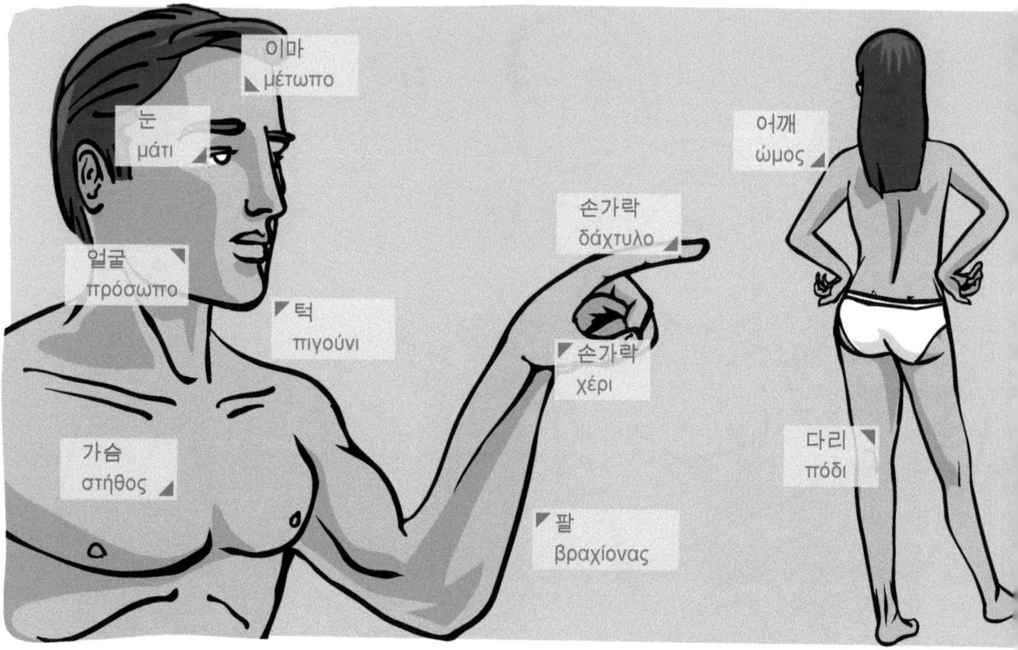

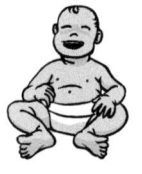

아기

μωρό

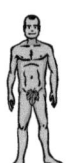

남자

άνδρας

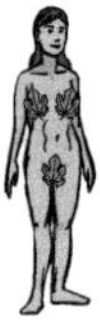

여자

γυναίκα

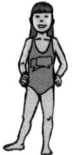

소녀

κορίτσι

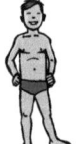

소년

αγόρι

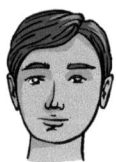

머리카락

κεφάλι

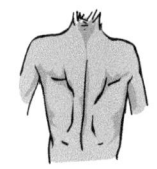

등
πλάτη

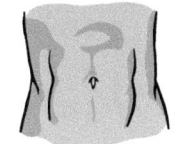

배
κοιλιά

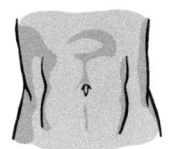

배꼽
αφαλός

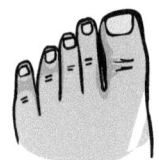

발가락
δάχτυλο ποδιού

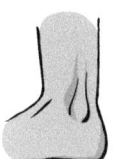

발꿈치
φτέρνα

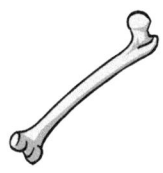

뼈
κόκκαλο

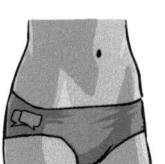

엉덩이
γοφός

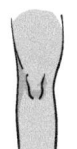

무릎
γόνατο

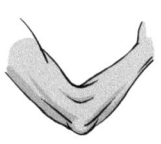

팔꿈치
αγκώνας

코
μύτη

둔부
γλουτός

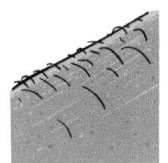

피부
δέρμα

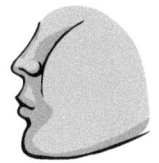

뺨
μάγουλο

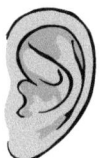

귀
αυτί

입술
χείλος

몸통 - σώμα

입
στόμα

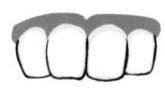

치아
δόντι

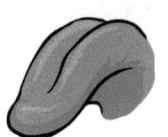

혀
γλώσσα

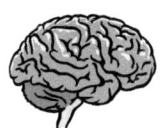

뇌
εγκέφαλος

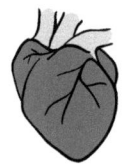

심장
καρδιά

근육
μυς

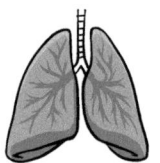

허파
πνεύμονας

간
συκώτι

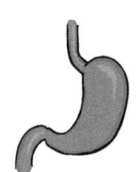

위
στομάχι

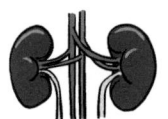

신장
νεφρά

성교
σεξουαλική επαφή

콘돔
προφυλακτικό

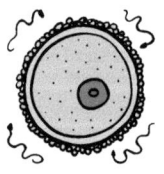

난자
ωάριο

정자
σπέρμα

임신
εγκυμοσύνη

몸통 - σώμα

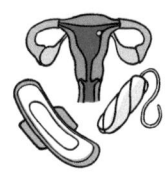

월경
....
περίοδος

질
....
γυναικείος κόλπος

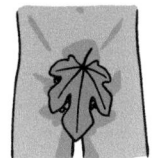

음경
....
πέος

눈썹
....
φρύδι

머리카락
....
μαλλιά

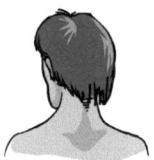

목
....
λαιμός

병원

νοσοκομείο

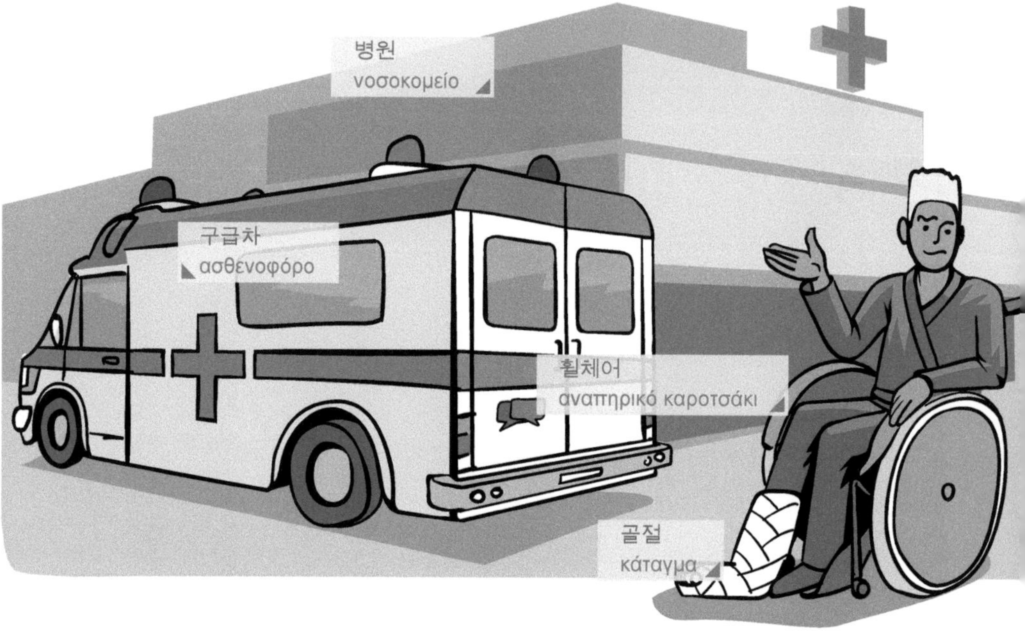

병원
νοσοκομείο
구급차
ασθενοφόρο
휠체어
αναπηρικό καροτσάκι
골절
κάταγμα

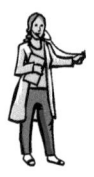

의사

γιατρός

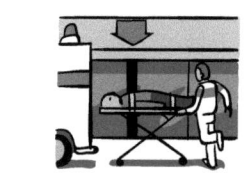

응급실

μονάδα εντατικής θεραπείας

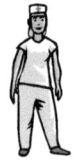

간호사

νοσοκόμα

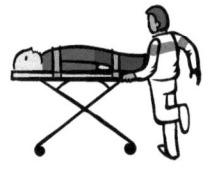

응급상황

έκτακτη ανάγκη

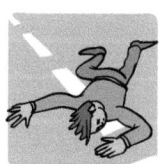

혼수상태

λιπόθυμος

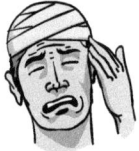

통증

πόνος

부상
τραύμα

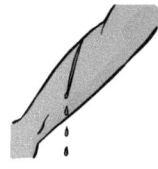

출혈
αιμορραγία

심장마비
έμφραγμα

뇌졸중
εγκεφαλικό

알러지
αλλεργία

기침
βήχας

열
πυρετός

독감
γρίπη

설사
διάρροια

두통
πονοκέφαλος

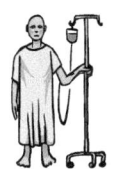

암
καρκίνος

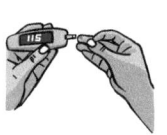

당뇨병
διαβήτης

외과의
χειρουργός

수술용 메스
νυστέρι

수술
εγχείρηση

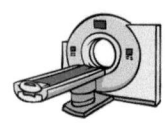

CT
αξονική τομογραφία

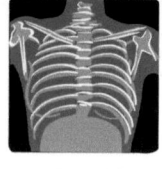

엑스레이
ακτινογραφία

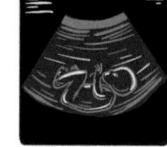

초음파
υπέρηχος

마스크
μάσκα

질병
ασθένεια

대기실
αίθουσα αναμονής

목발
πατερίτσα

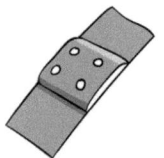

반창고
χάνσαπλαστ

붕대
επίδεσμος

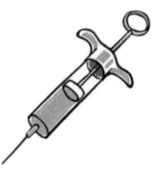

주사
ένεση

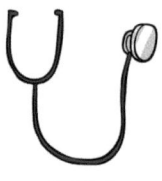

청진기
στηθοσκόπιο

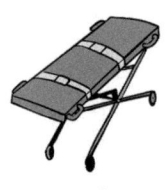

들것
φορείο

체온계
θερμόμετρο

출생
γέννηση

과체중
υπέρβαρο

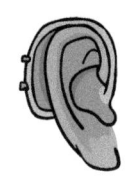

보청기
ακουστικό βαρηκοΐας

소독약
αντισηπτικό

감염
λοίμωξη

바이러스
ιός

HIV / AIDS
HIV/AIDS

의학
φάρμακο

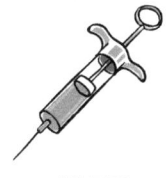

예방접종
εμβολιασμός

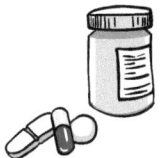

알약
δισκία

알약
χάπι

구급 전화
κλήση έκτακτης ανάγκης

혈압측정기
πιεσόμετρο αίματος

병든 / 건강한
άρρωστος / υγιής

도와주세요!
Βοήθεια!

경보음
συναγερμός

폭행
βιαιοπραγία

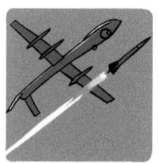

공격
επίθεση

위험
κίνδυνος

비상구
έξοδος κινδύνου

불이야!
Φωτιά!

소화기
πυροσβεστήρας

사고
ατύχημα

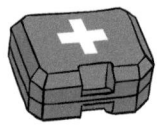

구급 상자
κουτί πρώτων βοηθειών

SOS
SOS

경찰
αστυνομία

유럽

Ευρώπη

북미

Βόρεια Αμερική

남미

Νότια Αμερική

아프리카

Αφρική

아시아

Ασία

호주

Αυστραλία

북극

Ατλαντικός Ωκεανός

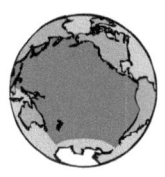

태평양

Ειρηνικός Ωκεανός

인도양

Ινδικός Ωκεανός

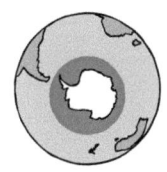

남극해

Ανταρκτικός Ωκεανός

북극해

Αρκτικός Ωκεανός

북극해

Βόρειος Πόλος

남극해
Νότιος Πόλος

남극
Ανταρκτική

지구
Γη

육지
γη

바다
θάλασσα

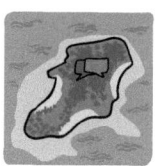

섬
νησί

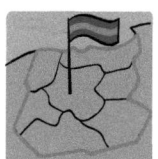

국가
έθνος

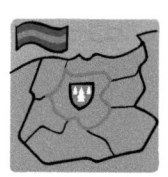

주
πολιτεία

x

시계 문자판
καντράν ρολογιού

시침
ωροδείκτης

분침
λεπτοδείκτης

초침
δείκτης δευτερολέπτων

몇 시입니까?
Τι ώρα είναι;

일
ημέρα

시간
χρόνος

지금
τώρα

디지털 시계
ψηφιακό ρολόι

분
λεπτό

시간
ώρα

월요일
Δευτέρα
MO

수요일
Τετάρτη
W

금요일
Παρασκευή
FR

TU

TH

SA

SO

화요일
Τρίτη

토요일
Σάββατο

목요일
Πέμπτη

일요일
Κυριακή

어제
....
χθες

오늘
....
σήμερα

내일
....
αύριο

아침
....
πρωί

정오
....
μεσημέρι

저녁
....
βράδυ

MO	TU	WE	TH	FR	SA	SU
1	2	3	4	5	6	7
8	9	10	11	12	13	14
15	16	17	18	19	20	21
22	23	24	25	26	27	28
29	30	31	1	2	3	4

MO	TU	WE	TH	FR	SA	SU
1	2	3	4	5	6	7
8	9	10	11	12	13	14
15	16	17	18	19	20	21
22	23	24	25	26	27	28
29	30	31	1	2	3	4

근로일
....
εργάσιμες ημέρες

주말
....
Σαββατοκύριακο

년도
έτος

비
βροχή
무지개
ουράνιο τόξο
바람
άνεμος
눈
χιόνι
봄
άνοιξη
가을
φθινόπωρο
여름
καλοκαίρι
겨울
χειμώνας

4.APRIL 11°
5.APRIL 4°
6.APRIL 13°
7.APRIL 8°
8.APRIL 10°

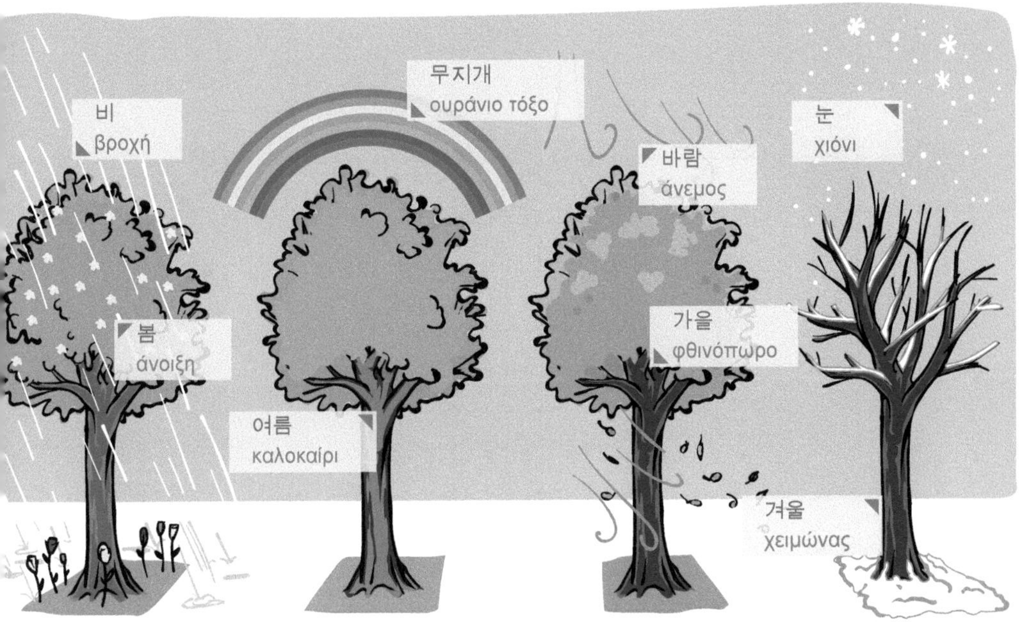

날씨 예보

πρόγνωση καιρού

F
C
120
90
60
30
0
-30
40
30
20
10
0
-10
-20

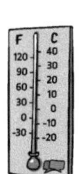

온도계

θερμόμετρο

햇빛

λιακάδα

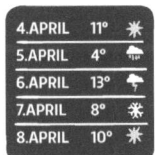

구름

σύννεφο

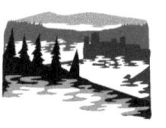

안개

ομίχλη

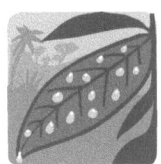

습도

υγρασία

번개

αστραπή

천둥

κεραυνός

폭풍

καταιγίδα

우박

χαλάζι

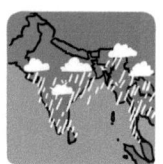

장마

μουσώνας

홍수

πλημμύρα

얼음

πάγος

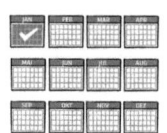

1월

Ιανουάριος

2월

Φεβρουάριος

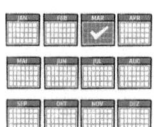

3월

Μάρτιος

4월

Απρίλιος

5월

Μάιος

6월

Ιούνιος

7월

Ιούλιος

8월

Αύγουστος

년도 - έτος

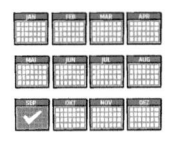

9월
....
Σεπτέμβριος

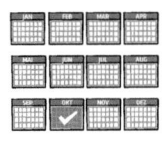

10월
....
Οκτώβριος

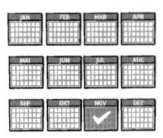

11월
....
Νοέμβριος

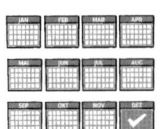

12월
....
Δεκέμβριος

원
....
κύκλος

정사각형
....
τετράγωνο

직사각형
....
ορθογώνιο
παραλληλόγραμμο

삼각형
....
τρίγωνο

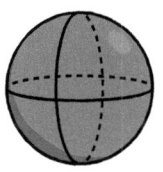

구
....
σφαίρα

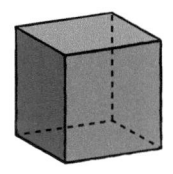

정사면체
....
κύβος

하양
άσπρο

노랑
κίτρινο

주황
πορτοκαλί

분홍
ροζ

빨강
κόκκινο

보라
μωβ

파랑
μπλε

초록
πράσινο

갈색
καφέ

회색
γκρι

검정
μαύρο

많은 / 적은

πολύ / λίγο

화난 / 차분한

θυμωμένος / ήρεμος

아름다운 / 추한

όμορφος / άσχημος

시작 / 끝

αρχή / τέλος

큰 / 작은

μεγάλος / μικρός

밝은 / 어두운

φωτεινός / σκοτεινός

형제 / 자매

αδελφός / αδελφή

깨끗한 / 더러운

καθαρός / λερωμένος

완전한 / 불완전한

πλήρης / ατελής

낮 / 밤

ημέρα / νύχτα

죽은 / 산

νεκρός / ζωντανός

넓은 / 좁은

φαρδύς / στενός

삭용의 / 비식용의

βρώσιμος / μη βρώσιμος

불친절한 / 친절한

κακός / ευγενικός

흥분된 / 지루한

ενθουσιασμένος /
βαριεστημένος

뚱뚱한 / 마른

παχύς / λεπτός

처음으로 / 마지막으로

πρώτος / τελευταίος

친구 / 적

φίλος / εχθρός

꽉 찬 / 텅 빈

γεμάτος / άδειος

딱딱한 / 부드러운

σκληρός / μαλακός

무거운 / 가벼운

βαρύς / ελαφρύς

배고픔 / 목마름

πείνα / δίψα

병든 / 건강한

άρρωστος / υγιής

불법 / 합법

παράνομος / νόμιμος

영리한 / 어리석은

έξυπνος / χαζός

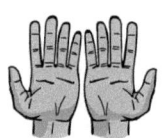

왼 / 오른

αριστερός / δεξιός

가까운 / 먼

κοντινός / μακρινός

새 / 헌

καινούριος /
μεταχειρισμένος

무 / 유

τίποτα / κάτι

늙은 / 젊은

γέρος | νέος

온 / 오프

αναμμένος / σβηστός

열린 / 닫힌

ανοιχτός / κλειστός

조용한 / 시끄러운

χαμηλόφωνος /
μεγαλόφωνος

부유한 / 가난한

πλούσιος / φτωχός

옳은 / 틀린

σωστός / λανθασμένος

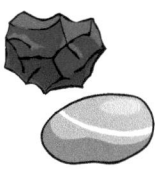

거친 / 매끄러운

τραχύς / λείος

슬픈 / 기쁜

λυπημένος / χαρούμενος

짧은 / 긴

κοντός / μακρύς

느린 / 빠른

αργός / γρήγορος

젖은 / 마른

υγρός / στεγνός

따뜻한 / 시원한

ζεστός / δροσερός

전쟁 / 평화

πόλεμος / ειρήνη

반대 - αντίθετα

0	**1**	**2**
영	하나	둘
μηδέν	ένα	δύο

3	**4**	**5**
셋	넷	다섯
τρία	τέσσερα	πέντε

6	**7**	**8**
여섯	일곱	여덟
έξι	εφτά	οκτώ

9	**10**	**11**
아홉	열	열하나
εννιά	δέκα	έντεκα

12
열둘
δώδεκα

13
열셋
δεκατρία

14
열넷
δεκατέσσερα

15
열다섯
δεκαπέντε

16
열여섯
δεκαέξι

17
열일곱
δεκαεφτά

18
열여덟
δεκαοκτώ

19
열아홉
δεκαεννέα

20
스물
είκοσι

100
백
εκατό

1.000
천
χίλια

1.000.000
백만
εκατομμύριο

영어

Αγγλικά

미국식 영어

Αμερικάνικα Αγγλικά

중국어 만다린

Μανδαρίνικα Κινέζικα

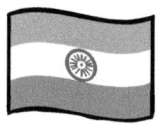

힌두어

Χίντι

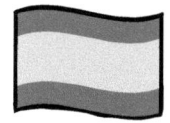

스페인어

Ισπανικά

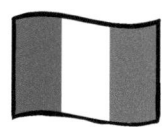

프랑스어

Γαλλικά

아랍어

Αραβικά

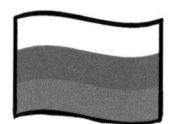

러시아어

Ρώσικα

포르투갈어

Πορτογαλικά

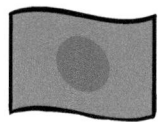

불가리아어

Μπενγκάλι

독일어

Γερμανικά

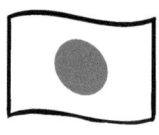

일본어

Ιαπωνικά

나

εγώ

너

εσύ

그 / 그녀/ 그것

αυτός / αυτή / αυτό

우리

εμείς

너희들

εσείς

그들

αυτοί / αυτές / αυτά

누가?

ποιος / ποια / ποιο;

무엇이?

τι;

어떻게?

πώς;

어디서?

πού;

언제?

πότε;

이름

όνομα

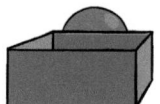

뒤에
....
πίσω

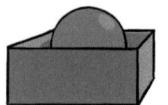

안에
....
μέσα

앞에
....
μπροστά

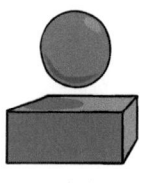

위에
....
πάνω από

위에
....
πάνω

아래에
....
κάτω

옆에
....
δίπλα

사이에
....
ανάμεσα

장소
....
μέρος